最新法律文件解读丛书

商事法律文件解读

总第 157 辑(2018.1)

最新法律文件解读丛书编选组　编

人民法院出版社

图书在版编目(CIP)数据

商事法律文件解读. 总第157辑 / 最新法律文件解读丛书编选组编. —北京：人民法院出版社，2018.7
(最新法律文件解读丛书)
ISBN 978-7-5109-2164-3

Ⅰ.①商…　Ⅱ.①最…　Ⅲ.①商法—法律解释—中国
Ⅳ.①D923.995

中国版本图书馆CIP数据核字(2018)第108441号

商事法律文件解读. 总第157辑
最新法律文件解读丛书编选组　编

责任编辑　路建华
出版发行　人民法院出版社
地　　址　北京市东城区东交民巷27号　邮编　100745
电　　话　(010)67550660(责任编辑)　67550558(发行部查询)
　　　　　　65223677(读者服务部)
客服QQ　2092078039
网　　址　http://www.courtbook.com.cn
E-mail　courtbook@sina.com
印　　刷　三河市国英印务有限公司
经　　销　新华书店
开　　本　787×1092毫米　1/16
字　　数　140千字
印　　张　8
版　　次　2018年7月第1版　2018年7月第1次印刷
书　　号　ISBN 978-7-5109-2164-3
定　　价　22.00元

卷首语

2017年9月8日，中共中央、国务院印发《关于营造企业家健康成长环境弘扬优秀企业家精神更好发挥企业家作用的意见》（以下简称《意见》），这是推进供给侧结构性改革、实施创新发展战略、促进经济持续平稳健康发展的重要举措。为深入贯彻党的十九大精神和《意见》的要求，充分发挥审判职能作用，依法平等保护企业家合法权益，为企业家创新创业营造良好法治环境，最高人民法院于2017年12月29日发布了《最高人民法院关于充分发挥审判职能作用为企业家创新创业营造良好法治环境的通知》。本辑刊登了该司法指导性文件。

为规范商业银行委托贷款业务经营，加强委托贷款业务管理，促进委托贷款业务健康发展，中国银监会于2018年1月5日发布了《商业银行委托贷款管理办法》（以下简称《办法》）。《办法》在弥补监管短板、加强风险管理和服务实体经济方面将发挥巨大作用。

在“新类型疑难案例选评”栏目，本辑刊登了《丰岛株式会社与山东省高密市华裕纺织有限公司申请承认与执行外国仲裁裁决案》一文，阐明人民法院适用《承认及执行外国仲裁裁决公约》审查承认和执行外国仲裁裁决时，被申请人以仲裁协议效力提出抗辩的，人民法院应根据其第五条第一款（甲）项的规定确定仲裁协议效力的准据法。在此过程中，主张该仲裁协议无效的被申请人负有相应的举证责任。

《最新法律文件解读》丛书
编　辑　部

范春雪　（010）67550525

姜　峤　（010）67550573

丁丽娜　（010）67550608

张　奎　（010）67550673

路建华　（010）67550660

执行编辑　路建华

目 录

[行政法规、法规性文件与解读]

中华人民共和国环境保护税法实施条例

(2017年12月25日中华人民共和国国务院令第693号公布
自2018年1月1日起施行)

第一章 总 则

第一条 根据《中华人民共和国环境保护税法》(以下简称环境保护税法),制定本条例。

第二条 环境保护税法所附《环境保护税税目税额表》所称其他固体废物的具体范围,依照环境保护税法第六条第二款规定的程序确定。

第三条 环境保护税法第五条第一款、第十二条第一款第三项规定的城乡污水集中处理场所,是指为社会公众提供生活污水处理服务的场所,不包括为工业园区、开发区等工业聚集区域内的企业事业单位和其他生产经营者提供污水处理服务的场所,以及企业事业单位和其他生产经营者自建自用的污水处理场所。

第四条 达到省级人民政府确定的规模标准并且有污染物排放口的畜禽养殖场,应当依法缴纳环境保护税;依法对畜禽养殖废弃物进行综合利用和无害化处理的,不属于直接向环境排放污染物,不缴纳环境保护税。

第二章　计税依据

第五条　应税固体废物的计税依据，按照固体废物的排放量确定。固体废物的排放量为当期应税固体废物的产生量减去当期应税固体废物的贮存量、处置量、综合利用量的余额。

前款规定的固体废物的贮存量、处置量，是指在符合国家和地方环境保护标准的设施、场所贮存或者处置的固体废物数量；固体废物的综合利用量，是指按照国务院发展改革、工业和信息化主管部门关于资源综合利用要求以及国家和地方环境保护标准进行综合利用的固体废物数量。

第六条　纳税人有下列情形之一的，以其当期应税固体废物的产生量作为固体废物的排放量：

（一）非法倾倒应税固体废物；

（二）进行虚假纳税申报。

第七条　应税大气污染物、水污染物的计税依据，按照污染物排放量折合的污染当量数确定。

纳税人有下列情形之一的，以其当期应税大气污染物、水污染物的产生量作为污染物的排放量：

（一）未依法安装使用污染物自动监测设备或者未将污染物自动监测设备与环境保护主管部门的监控设备联网；

（二）损毁或者擅自移动、改变污染物自动监测设备；

（三）篡改、伪造污染物监测数据；

（四）通过暗管、渗井、渗坑、灌注或者稀释排放以及不正常运行防治污染设施等方式违法排放应税污染物；

（五）进行虚假纳税申报。

第八条　从两个以上排放口排放应税污染物的，对每一排放口排放的应税污染物分别计算征收环境保护税；纳税人持有排污许可证的，其污染物排放口按照排污许可证载明的污染物排放口确定。

第九条　属于环境保护税法第十条第二项规定情形的纳税人，自行对污染物进行监测所获取的监测数据，符合国家有关规定和监测规范的，视同环境保护税法第十条第二项规定的监测机构出具的监测数据。

第三章　税收减免

第十条　环境保护税法第十三条所称应税大气污染物或者水污染物的浓度值，是指纳税人安装使用的污染物自动监测设备当月自动监测的应税大气污染物浓度值的小时平均值再平均所得数值或者应税水污染物浓度值的日平均值再平均所得数值，或者监测机构当月监测的应税大气污染物、水污染物浓度值的平均值。

依照环境保护税法第十三条的规定减征环境保护税的，前款规定的应税大气污染物浓度值的小时平均值或者应税水污染物浓度值的日平均值，以及监测机构当月每次监测的应税大气污染物、水污染物的浓度值，均不得超过国家和地方规定的污染物排放标准。

第十一条　依照环境保护税法第十三条的规定减征环境保护税的，应当对每一排放口排放的不同应税污染物分别计算。

第四章　征收管理

第十二条　税务机关依法履行环境保护税纳税申报受理、涉税信息比对、组织税款入库等职责。

环境保护主管部门依法负责应税污染物监测管理，制定和完善污染物监测规范。

第十三条　县级以上地方人民政府应当加强对环境保护税征收管理工作的领导，及时协调、解决环境保护税征收管理工作中的重大问题。

第十四条　国务院税务、环境保护主管部门制定涉税信息共享平台技术标准以及数据采集、存储、传输、查询和使用规范。

第十五条　环境保护主管部门应当通过涉税信息共享平台向税务机关交送在环境保护监督管理中获取的下列信息：

（一）排污单位的名称、统一社会信用代码以及污染物排放口、排放污染物种类等基本信息；

（二）排污单位的污染物排放数据（包括污染物排放量以及大气污染物、水污染物的浓度值等数据）；

（三）排污单位环境违法和受行政处罚情况；

（四）对税务机关提请复核的纳税人的纳税申报数据资料异常或者纳税人未按照规定期限办理纳税申报的复核意见；

（五）与税务机关商定交送的其他信息。

第十六条 税务机关应当通过涉税信息共享平台向环境保护主管部门交送下列环境保护税涉税信息：

（一）纳税人基本信息；

（二）纳税申报信息；

（三）税款入库、减免税额、欠缴税款以及风险疑点等信息；

（四）纳税人涉税违法和受行政处罚情况；

（五）纳税人的纳税申报数据资料异常或者纳税人未按照规定期限办理纳税申报的信息；

（六）与环境保护主管部门商定交送的其他信息。

第十七条 环境保护税法第十七条所称应税污染物排放地是指：

（一）应税大气污染物、水污染物排放口所在地；

（二）应税固体废物产生地；

（三）应税噪声产生地。

第十八条 纳税人跨区域排放应税污染物，税务机关对税收征收管辖有争议的，由争议各方按照有利于征收管理的原则协商解决；不能协商一致的，报请共同的上级税务机关决定。

第十九条 税务机关应当依据环境保护主管部门交送的排污单位信息进行纳税人识别。

在环境保护主管部门交送的排污单位信息中没有对应信息的纳税人，由税务机关在纳税人首次办理环境保护税纳税申报时进行纳税人识别，并将相关信息交送环境保护主管部门。

第二十条 环境保护主管部门发现纳税人申报的应税污染物排放信息或者适用的排污系数、物料衡算方法有误的，应当通知税务机关处理。

第二十一条 纳税人申报的污染物排放数据与环境保护主管部门交送的相关数据不一致的，按照环境保护主管部门交送的数据确定应税污染物的计税依据。

第二十二条 环境保护税法第二十条第二款所称纳税人的纳税申报数据资料异常，包括但不限于下列情形：

（一）纳税人当期申报的应税污染物排放量与上一年同期相比明显偏低，且无正当理由；

（二）纳税人单位产品污染物排放量与同类型纳税人相比明显偏低，且无正当理由。

第二十三条 税务机关、环境保护主管部门应当无偿为纳税人提供与缴纳环境保护税有关的辅导、培训和咨询服务。

第二十四条 税务机关依法实施环境保护税的税务检查，环境保护主管部门予以配合。

第二十五条 纳税人应当按照税收征收管理的有关规定，妥善保管应税污染物监测和管理的有关资料。

第五章 附 则

第二十六条 本条例自 2018 年 1 月1 日起施行。2003 年 1 月 2 日国务院公布的《排污费征收使用管理条例》同时废止。

国务院法制办、财政部、国家税务总局、环境保护部负责人就《中华人民共和国环境保护税法实施条例》答记者问

2017 年 12 月 25 日，国务院总理李克强签署国务院令，公布《中华人民共和国环境保护税法实施条例》（以下简称实施条例），自 2018 年 1 月 1 日起施行。日前，国务院法制办、财政部、国家税务总局、环境保护部负责人就实施条例有关问题回答了记者的提问。

问：制定实施条例的背景是什么？

答：2016 年 12 月 25 日第十二届全国人民代表大会常务委员会第二十五次会议通过了《中华人民共和国环境保护税法》（以下简称环境保护税法），自 2018 年 1 月 1 日起施行。制定环境保护税法，是落实党的十八届三中全会、四中全会提出的“推动环境保护费改税”、“用严格的法律制度保护生态环境”要求的重大举措，对于保护和改善环境、减少污染物排放、推进生态文明建设具有重要的意义。为保障环境保护税法顺利实施，有必要制定实施条例，细化法律的有关规定，进一步明确界限、增强可操作性。

问：实施条例对环境保护税法哪些方面的规定作了细化？

答：实施条例在环境保护税法的框架内，重点对征税对象、计税依据、税收减免以及税收征管的有关规定作了细化，以更好地适应环境保护税征收工作的实际需要。

问：对于征税对象，实施条例作了哪些细化规定？

答：主要有三个方面：一是明确《环境保护税税目税额表》所称其他固

体废物的具体范围依照环境保护税法第六条第二款规定的程序确定，即由省、自治区、直辖市人民政府提出，报同级人大常委会决定，并报全国人大常委会和国务院备案。二是明确了“依法设立的城乡污水集中处理场所”的范围。环境保护税法规定，依法设立的城乡污水集中处理场所超过排放标准排放应税污染物的应当缴纳环境保护税，不超过排放标准排放应税污染物的暂予免征环境保护税。为明确这一规定的具体适用对象，实施条例规定依法设立的城乡污水集中处理场所是指为社会公众提供生活污水处理服务的场所，不包括为工业园区、开发区等工业聚集区域内的企业事业单位和其他生产经营者提供污水处理服务的场所，以及企业事业单位和其他生产经营者自建自用的污水处理场所。三是明确了规模化养殖缴纳环境保护税的相关问题，规定达到省级人民政府确定的规模标准并且有污染物排放口的畜禽养殖场应当依法缴纳环境保护税；依法对畜禽养殖废弃物进行综合利用和无害化处理的，不属于直接向环境排放污染物，不缴纳环境保护税。

问：环境保护税的计税依据是如何确定的？实施条例在这方面进一步明确了哪些问题？

答：按照环境保护税法的规定，应税大气污染物、水污染物按照污染物排放量折合的污染当量数确定计税依据，应税固体废物按照固体废物的排放量确定计税依据，应税噪声按照超过国家规定标准的分贝数确定计税依据。根据实际情况和需要，实施条例进一步明确了有关计税依据的两个问题：一是考虑到在符合国家和地方环境保护标准的设施、场所贮存或者处置固体废物不属于直接向环境排放污染物，不缴纳环境保护税，对依法综合利用固体废物暂予免征环境保护税，为体现对纳税人治污减排的激励，实施条例规定固体废物的排放量为当期应税固体废物的产生量减去当期应税固体废物的贮存量、处置量、综合利用量的余额。二是为体现对纳税人相关违法行为的惩处，实施条例规定，纳税人有非法倾倒应税固体废物，未依法安装使用污染物自动监测设备或者未将污染物自动监测设备与环境保护主管部门的监控设备联网，损毁或者擅自移动、改变污染物自动监测设备，篡改、伪造污染物监测数据以及进行虚假纳税申报等情形的，以其当期应税污染物的产生量作为污染物的排放量。

问：对环境保护税法第十三条关于减征环境保护税的规定，实践中如何把

握相关界限，实施条例对此有没有明确？

答：环境保护税法第十三条规定，纳税人排放应税大气污染物或者水污染物的浓度值低于排放标准30%的，减按75%征收环境保护税；低于排放标准50%的，减按50%征收环境保护税。为便于实际操作，实施条例首先明确了上述规定中应税大气污染物、水污染物浓度值的计算方法，即：应税大气污染物或者水污染物的浓度值，是指纳税人安装使用的污染物自动监测设备当月自动监测的应税大气污染物浓度值的小时平均值再平均所得数值或者应税水污染物浓度值的日平均值再平均所得数值，或者监测机构当月监测的应税大气污染物、水污染物浓度值的平均值。同时，实施条例按照从严掌握的原则，进一步明确限定了适用减税的条件，即：应税大气污染物浓度值的小时平均值或者应税水污染物浓度值的日平均值，以及监测机构当月每次监测的应税大气污染物、水污染物的浓度值，均不得超过国家和地方规定的污染物排放标准。

问：为保障环境保护税征收管理顺利开展，实施条例作了哪些规定？

答：从实际情况看，环境保护税征收管理相对更为复杂。为保障环境保护税征收管理顺利开展，实施条例在明确县级以上地方人民政府应当加强对环境保护税征收管理工作的领导，及时协调、解决环境保护税征收管理工作中重大问题的同时，进一步明确了税务机关和环境保护主管部门在税收征管中的职责以及互相交送信息的范围，并对纳税申报地点的确定、税收征收管辖争议的解决途径、纳税人识别、纳税申报数据资料异常包括的具体情形、纳税人申报的污染物排放数据与环境保护主管部门交送的相关数据不一致时的处理原则，以及税务机关、环境保护主管部门无偿为纳税人提供有关辅导、培训和咨询服务等作了明确规定。

问：实施条例自2018年1月1日起与环境保护税法同步施行，届时是否还征收排污费？

答：根据环境保护税法第二十七条规定，自该法2018年1月1日施行之日起，不再征收排污费。实施条例与环境保护税法同步施行，作为征收排污费依据的《排污费征收使用管理条例》同时废止。

来源：财政部网站

[司法解释、司法解释性文件与解读]

解读——
《最高人民法院关于适用〈中华人民共和国公司法〉若干问题的规定（四）》[①]

贺小荣　曾宏伟*

为正确适用《中华人民共和国公司法》，审理好决议效力、股东知情权、利润分配权、优先购买权和股东代表诉讼等纠纷案件，2016年12月5日最高人民法院审判委员会第1702次会议讨论原则通过了《最高人民法院关于适用〈中华人民共和国公司法〉若干问题的规定（四）》（以下简称《解释》），并已于2017年9月1日起施行。现就《解释》涉及的主要问题谈谈我们的认识。

一、《解释》的制定背景

第一，制定《解释》是贯彻党中央系列部署，健全公司治理、加强股东权利保护的迫切需要。党的十八大以来，习近平总书记多次强调要加强投资者权益保护。党中央就加强投资者保护、提高公司治理水平作出了一系列重要部署。《中共中央关于全面深化改革若干重大问题的决定》强调，要健全协调运转、有效制衡的公司法人治理结构。《中共中央国务院关于完善产权保护制度依法保护产权的意见》明确要求，将股权与物权、债权、无形财产权并列保护，并强调了同股同权、同股同利等基本原则。在中国特色社会主义市场经济法律体系中，公司法是最重要的市场主体法律制度，是股东行使股东权利、参

① 《最高人民法院关于适用〈中华人民共和国公司法〉若干问题的规定（四）》见《商事法律文件解读》（2017年第10辑，总第154辑）。

* 作者单位：最高人民法院民事审判第二庭。

与公司治理的基本法律依据。制定《解释》，就是要贯彻党中央的一系列重要部署，提高人民法院准确适用公司法的水平，为规范公司治理、加强股权保护提供有力司法保障。

第二，制定《解释》是依法保障供给侧结构性改革的迫切需要。公司作为最主要的市场主体，无疑是改善市场供给的主力军。因此，规范公司治理结构、加强股东权利保护，促进公司稳定经营和发展壮大，对深入推进供给侧结构性改革具有基础性作用。制定《解释》，就是要加强股东权利的司法救济，依法保护投资者的积极性，就是要妥善处理股东之间、股东与公司之间等利益冲突，尽可能避免公司僵局，为实现公司治理法治化、促进公司持续稳定经营提供司法保障。

第三，制定《解释》是营造良好营商环境的迫切需要。在中央财经领导小组第 16 次会议上，习近平总书记强调："要改善投资和市场环境、加快对外开放步伐，降低市场运营成本，营造稳定公平透明、可预期的营商环境，推动我国经济持续稳定健康发展。"公司法律制度是否完善对营商环境影响十分重大，不仅影响着国内投资者的积极性，也影响着国际投资者对投资地的选择，影响着国际资本的流动。因此，长期以来，公司法成为很多国家和地区创造制度优势、广泛吸纳投资的重要依托，世界范围内的公司法律制度竞争一直存在，而且仍将持续，成为公司法生机勃勃的强大动力。《解释》发布施行后，将对提高我国公司法律制度的国际竞争力、改善投资环境起到重要作用。

第四，制定《解释》是统一适用《公司法》，妥善处理公司治理和股东权利纠纷的迫切需要。近年来，随着公司数量的快速增长，这两类纠纷案件逐年上升，在公司纠纷案件中占比高达 60% 多。一些大型公司的决议效力纠纷甚至成为舆论焦点和热点，引发社会各界对公司法相关规定的广泛关注，被舆论称为中国公司治理的标志性事件。与此同时，公司法适用中遇到的新情况、新问题增多；一些法律适用问题争议较大，裁判观点不一致的情况时有发生；因缺乏明确规定，一些股东权利被损害后，得不到有效的司法救济。地方各级人民法院和社会各界纷纷要求尽快制定相关司法解释。统一法律适用是宪法赋予最高人民法院的神圣职责，我们必须抓紧制定实施《解释》，解决人民法院在审理公司纠纷案件、适用公司法过程中经常遇到的疑难复杂问题。

二、关于决议效力纠纷案件的适格原告

关于决议无效及不成立之诉的适格原告，公司法对此未作规定，司法实践

中存在不同认识和做法。《解释》起草过程中，有观点认为，本规定对原告资格不应作过多限制，主要理由如下：一是确认无效是对公司决议内容合法性的否定，确认决议不成立则系认定不存在公司法意义上的决议，亦是对决议合法性的根本否定，因此理论上任何人都有权利提起该两类诉讼；二是公司法未对此两类诉讼的原告资格作出限制；三是根据诉的利益原则，即可适当限制该两类诉讼原告范围，有效防止滥诉。我们认为，公司法第一条明确规定："为……保护公司、股东和债权人的合法权益……制定本法。"因此在公司法的立法目的和价值目标中，维护公司经营秩序与保护股东权利同等重要、不可偏废。同时，虽然公司决议系公司内部决定，但公司可能依据决议与交易相对人产生外部法律关系，因此仅强调诉的利益原则，尚难以避免产生对交易相对人与公司决议是否存在直接利害关系的争议，难以有效防止滥诉和维护公司经营秩序。在公司法未作出明确规定的情况下，《解释》应当从贯彻立法目的出发，对决议无效及不成立之诉适格原告的范围作出必要规定。

《解释》第1条列举规定了股东、董事、监事三类适格原告。第一，股东作为公司的社员，是当然的适格原告。第二，监事可以依据公司法规定，提议召开临时股东会以及向股东会提出提案，可以直接制止董事和高级管理人员的非法行为，可以对董事会决议事项提出质询或者建议。监事提起决议无效或者不成立之诉，属于对监督职责的履行。第三，董事受董事会决议的约束，有权请求确认董事会的决议内容违法或者不成立。由于公司法规定股东会或者股东大会为公司权力机关，董事会负责执行，股东会或者股东大会决议是否违法会影响董事职务行为的合法性，因此，董事有权请求确认股东会或者股东大会决议无效或者不成立。对"等"字的理解，不仅要遵从原告必须与案件有直接利害关系方为适格的民事诉讼法规定，还要遵循前文"股东、董事、监事"的逻辑延伸，即原告须依据公司法、公司章程的规定或者合同的约定，享有参与或者监督公司经营管理的权利，方为适格原告。随着公司实践的日益丰富，如可转换债券持有人、职工股持有人、根据合同安排可以监督公司经营的金融债权人等，均有可能成为与其特定权利相关的决议无效或者不成立之诉的适格原告。但如果没有关于参与或者监督公司经营管理的特殊安排，则其与公司之间纠纷仍应通过合同或者侵权等其他处理公司外部关系的诉讼解决。

此外，根据公司法第二十二条第二款的规定，决议撤销之诉的原告只能是公司股东。由于决议可撤销制度的立法宗旨在于规范公司治理，因此无表决权的股东，表决时投赞成票的股东、未表示异议的股东，以及决议成立后取得股权的股东，对公司法规定的决议可撤销事由均享有相应的诉的利益。只要在起诉时有股东资格，则均为决议撤销之诉适格原告。原告在诉讼中丧失股东资格的，按照民事诉讼法的相关规定处理。

三、关于决议撤销之诉的裁量驳回

公司法第二十二条第二款对决议召集程序和表决方式违反法律、行政法规的，规定一律可以撤销决议。但是对召集程序和表决方式仅有轻微瑕疵、对决议没有实质影响的情形，是否导致决议可撤销，公司法没有明确规定，各地法院裁判尺度不一。我们认为，由于决议可撤销制度的立法宗旨在于规范公司治理，而召集程序或者表决方式仅有轻微瑕疵且对决议未产生实质影响的，对公司治理规范影响较小，据此撤销决议对实现决议可撤销制度立法宗旨意义不大。《解释》第4条规定，在此情形下，人民法院应当裁量驳回撤销决议的诉请。比较法上，日本、韩国和我国台湾地区有类似的规定。

《解释》第4条规定，可以裁量驳回的对象为关于撤销决议的诉请，其行使应当同时具备三个方面的要件。一是股东会或者股东大会、董事会的会议召集程序或者表决方式存在瑕疵。决议内容违反公司章程规定的，不适用本条规定。二是召集程序或者表决方式“仅有轻微瑕疵”，亦即不得有重大瑕疵。如章程规定召开股东会应当提前15天通知，实际提前14天通知股东；公司章程规定应当现场表决，但实际采取非现场签字表决的方式等。三是对决议未产生实质影响，包括对决议能否通过、股东表决权是否得到充分保护的实质性影响。如通知的实际提前天数虽然比章程规定的提前天数少1天，但并未影响股东参加股东会；虽然表决方式不符合章程规定，但并未影响表决权的行使等。在理解和适用上述三个要件时要注意把握“两个结合”。其一，将“仅有轻微瑕疵”与“对决议未产生实质影响”结合起来判断。在判断会议程序瑕疵是否轻微时，不可先入为主，而应根据是否对决议产生实质影响来判断。有些会议程序瑕疵可能在一般情况下都是轻微的，但在特殊情况下有可能对决议产生实质影响，因此必须根据个案情况进行综合判断。二是将对股东权利的实质影响和对表决结果的实质影响结合起来判断。有的会议程序瑕疵虽然不影响决议的结果，但属于对股东权利的重大损害，亦属于对决议有实质影响的情形。比如持有有限责任公司多数股权的股东，如果不通知其他股东，而召集部分股东开会并作出股东会决议，即使符合章程规定的最低出席人数和通过比例，其在召集程序上的瑕疵亦不属轻微瑕疵。

四、关于决议不成立之诉

确定股东或者股东大会、董事会会议决议的法律性质，是完善瑕疵决议司法救济制度的理论和制度基础。在我国，从公司法规定看，该法仅规定有限责任公司全体股东一致同意时，可以不召开会议作出决定。因此一般情况下，只有依据法律和公司章程规定的召集程序和表决方式，召开会议审议并表决通过决议，决议方才成立。因此，虽然公司法仅规定了决议无效和可撤销情形，但从系统解释出发，可以认为公司法第二十二条的规定包含了以决议成立为前提的默示性规定，从而反向肯定了决议不成立之诉的合理性。不过从该默示性规定并不能推导出公司法将决议的法律性质明确为民事法律行为的结论，而仅是对民事法律行为理论的借鉴。最高人民法院审判委员会原则通过《解释》后，2017年3月15日，民法总则正式通过。该法第一百三十四条第二款规定："法人、非法人组织依照法律或者章程规定议事方式和表决程序作出决议的，该决议成立。"该规定为公司决议不成立之诉的确立提供了上位法依据。从司法实践看，在公司法第二十二条仅规定了决议无效和可撤销之诉的情况下，对决议不成立的情形通常存在确认无效、撤销决议或者驳回诉讼请求等多种裁判思路，法律适用不统一的问题突出。同时，对此类瑕疵决议司法救济不足的问题仍然突出：未成立的决议在形式上载明的内容不一定违法，故通过决议无效之诉获得救济存在一定的制度障碍；请求撤销决议则必须在决议通过之日起60日内起诉，而决议不成立时，中小股东往往难以及时获知有关事实，因此即使将之纳入可撤销情形，亦不足以救济股东权利。《解释》第5条规定了决议不成立之诉，完善了对股东表决权的救济。

对《解释》第5条的理解，要以民法总则第一百三十四条第二款的规定为指引，从主体、程序、议题、意思表示等要件对决议是否成立作出判断。具体而言，《解释》第5条第（1）项和第（2）项包括根本未开会或者虽然开会但未对决议载明的事项进行表决，决议或者决议事项系伪造或者虚构的情形，理论上称为决议不存在。其中，何谓会议是一个理论和实务上均存在争议的问题。在英国普通法上，存着对何谓会议的解释，其基本原则是，只有在合理召开的股东会议上多数通过，公司才能行事（Attorney General v. Davy）。有效的股东会议必须要有1名以上的人员出席。如果只有1个持有其他股东授权的人出席，或者只有1个股东出席，那么根本就没有会议，当然也有例外。[①] 公司法对此没有明确规定。从公司法第一百八十二条及《最高人民法院关于适用〈中华人民共和国公司法〉若干问题的规定（二）》的规定来看，无法有效召集会议显然是公司经营管理发生严重困难的情形之一，也就是说会议的存在必须以有效召集为前提。首先，必须要履行召集程序，如必须由法律或者公司章程规定的召集人召集，必须向股东或者董事发出会议通知等。其次，应当适用"一人不成为会议"的规则，否则在控股股东召集会议的情况下，公司法第一百八十二条就很可能没有适用的余地了，显然与公司法立法本意不符。当然，一人有限责任公司或者国有独资公司应当除外。第（3）项和第（4）项包括虽然开会但出席会议的人数或者股东所持表决权不符合公司法或者公司章程的规定，或者会议的表决结果未达到法律或者公司章程规定的通过比例等情形。其中出席会议的人数，我国公司法规定较少，特别是对股东会或者股东大会没有规定，主要取决于公司章程的规定。第（5）项系兜底性规定。

五、关于股东知情权的严格保护

股东知情权作为股东权利的重要内容，能否由公司按照多数决予以剥夺或者由股东自愿放弃？对这个问题司法实践中存在一定争议。我们认为，对此应当区分不同情况，按照类型化的方法来正确理解公司法的规定。公司法第三十三条规定了有限责任公司的股东知情权，第九十七条规定了股份有限公司的股东知情权，二者在范围上有所不同，但本质上都属于公司法上的强制性规范。股东据此享有的知情权是最重要的法定知情权和股东固有权利，不得被剥夺。同时，该法定知情权对象包括对公司决议和财务会计报告等公司基本经营信息等。相对于请求分红、参与管理、实施监督等几乎全部的其他股东权利而言，该法定知情权都是不可或缺的手段性权利，如果被公司章程或股东间其他协议剥夺，将会导致股东其他权利难以得到保障。另外，中小股东在章程制定和公司经营管理监督过程中，实际上一直处于弱势地位。如果允许股东通过讨价还价方式限缩上述法定知情权，极可能产生道德风险。因此，在此类法定知情权问题上，我们不能适用民事权利处分的一般规则，而应适用公司法上的特殊规

① 葛伟军：《英国公司法要义》，中国法制出版社2014年版，第194~195页。

则，排除当事人约定限制。这是“为避免产生严重的不公平后果或为满足社会要求而对私法自治予以限制的规范”①。比较法上，《德国有限责任公司法》第51a条第3款规定：“公司章程不得作出与此（即股东享有质询权与查阅权——笔者注）不同的规定。”②《美国标准公司法》（MBCA）第16.02条第(d)小节规定：“公司章程或者内部细则不得取消或限制本节授予的检查权。”③

《解释》第9条规定系在公司法上述规定的基础上，对知情权的固有权属性予以明确，规定公司不得以公司章程限制、股东间协议等约定限制为由拒绝股东行使法定知情权。本条规定所称公司章程，既包括公司设立时制定的初始章程，也包括公司成立后依法经过修改的修订章程；本条规定所称协议既包括股东之间的协议、股东与公司之间的协议，也包括股东与他人之间的股权受让协议等。“等”则指公司管理制度等其他可能实质性剥夺股东上述法定知情权的途径。本条规定的意旨在于，法定知情权既不能被剥夺、限制，也不能由股东通过协议主动放弃，否则无效。当然，如果股东根本不行使或者消极行使权利，则不在此列。另外，公司章程或者股东间协议等如仅对公司法第三十三条、第九十七条规定的法定知情权的行使地点、行使方式等事项进行细化约定，只要不构成对股东法定知情权的实质性剥夺，亦不属本条规制范围。

六、关于不正当目的的认定

公司法第三十三条第二款规定，有限责任公司股东向公司提出书面请求，说明目的，即可查阅公司会计账簿，但公司有合理根据认为股东查阅会计账簿有不正当目的，可能损害公司合法利益的，可以拒绝提供查阅。由于公司法对不正当目的的含义未作规定，司法实践中对此掌握不一，迫切需要加以明确。会计账簿是以会计凭证为依据，由具有专门格式而又相互联系的账页组成，用以连续、系统、全面地记录和反映各项经济业务的簿籍。股东查阅会计账簿，才能了解公司真实财务状况，否则其监督权、分红权等难以得到保障。但若股东不当行使会计账簿查阅权，则可能泄露公司商业秘密，严重损害公司及全体

① ［德］卡尔·拉伦茨：《德国民法通论》（上册），王晓晔等译，法律出版社2013年版，第42页。

② 胡晓静等译：《德国商事公司法》，法律出版社2014年版，第46页。

③ 沈四宝编译：《最新美国标准公司法》，法律出版社2006年版，第237～238页。

股东利益。因此，司法实践中认定不正当目的时，应当注意股东查阅权与公司合法利益平衡保护，这也是《解释》坚持的基本解释原则。

从公司法第三十三条第二款规定的文义分析出发，认定股东有不正当目的，一是必须可能损害公司合法利益。由于损害后果并未发生，因此对“可能”只能通过常理进行判断，但应当达到较大可能性。二是必须有合理根据。由于不正当目的属于主观心理，因此只能从股东的客观行为认定合理根据或者进行法律推定。《解释》第8条实际上对认定不正当目的的合理根据做了列举性规定。第（1）项规定：“股东自营或者为他人经营与公司主营业务有实质性竞争关系的业务的，但公司章程另有规定或全体股东另有约定的除外。”在该情形下，为避免公司合法利益受到不正当竞争的损害，对此类股东的公司会计账簿查阅权予以适当限制是必要的。同时，通过公司章程和全体股东约定的除外规定，保障了公司自治的权利，不至于对此类投资造成制度障碍。理解适用该项规定时，应当注意正确把握对“主营业务”和“实质性竞争关系”的理解。认定“主营业务”时，应当主要考虑该项业务对公司稳定利润的贡献，兼顾在营业收入中的比重；认定“实质性竞争关系”时，可以参考上市公司监管和竞争法等法律制度，考虑地域市场、产品市场等因素。第（2）项、第（3）项规定中，“他人”往往是公司的竞争者或者诉讼对手，但不排除其他第三人。“有关信息”是指股东请求查阅的公司会计账簿所包含的信息，包括但不限于公司商业秘密。第（3）项规定实际上设定了一项法律推定，体现了对股东不诚信行为的惩罚，公司有理由认为不诚信的股东在一定时期内有很大可能重复这种行为，难以信任其具有正当目的。“过去三年内”是指股东向公司请求查阅公司会计账簿之日前的三年内，而非起诉之日前的三年内。第（4）项系兜底条款。

七、关于董事、高级管理人员损害股东知情权的赔偿责任

一般认为，由于公司具有独立人格，即使董事、高级管理人员未履行忠实、勤勉义务并由此产生赔偿责任，亦通常由公司承担责任后，依据法律或者公司章程规定可以请求负有责任的公司董事、高级管理人员赔偿损失。《解释》第12条规定，股东有权直接请求公司董事、高级管理人员承担民事赔偿责任，主要依据在于三个方面。第一，公司负有制作和保存公司法第三十三条和第九十七条规定的文件材料的法定义务。公司依法履行文件置备义务是股东

查阅权得以实现的前提，若公司不履行文件置备义务，将会导致股东无法查阅，对股东查阅权造成根本性侵害。第二，虽然公司法规定文件置备义务的主体是公司，但在公司的实际运作中，董事、高级管理人员等对公司履行置备义务负有相应职责。公司未能依法履行文件置备义务，正是这些具体的负责人怠于履行职责的结果。比较法上也不乏将有关文件的置备义务直接施于公司内部具体人员的规定。例如，《德国股份法》第91条第1款规定了股份有限公司董事会设置商事账簿的义务；《法国商法典》第L232－1条第1款规定了公司董事会、管理委员会或经理编制盘存表、年度账目的义务；2006年《英国公司法》第355条规定，如果公司未能依法置备决议和会议等记录，则每个失责的高级管理人员将被追究个人刑事责任。第三，公司法第一百五十二条关于“董事、高级管理人员违反法律、行政法规或者公司章程的规定，损害股东利益的，股东可以向人民法院提起诉讼”的规定，为股东直接追究董事、高级管理人员等的相关赔偿责任提供了法律依据。该规定为保护股东利益，在公司董事、高级管理人员失职侵权时，未规定公司的雇主责任，而对其直接课以赔偿责任，属于公司法上的特殊制度安排。如果要求股东先对公司提起诉讼，由公司承担责任后再追究内部人员的责任，还可能导致由股东间接分担公司董事、高级管理人员等侵权造成的损失。

对《解释》第12条的理解，主要应当注意把握以下几个方面。第一，虽然履行置备职责的人员可能包括公司董事、高级管理人员以外的其他人员，但根据本条规定，负有赔偿责任的主体仅限于负有相应责任的公司董事、高级管理人员。本条规定系针对公司内部关系，公司章程对本条规定涉及的主体都有约束力。因此，对相应责任的公司董事、高级管理人员，要依据公司章程的规定加以确定；公司章程没有规定的，要根据公司委任和实际履行职责的情况确定。第二，公司董事、高级管理人员未依法制作和保存公司法第三十三条或者第九十七条规定的公司文件材料，并给股东造成了损失，是其承担赔偿责任的客观要件。这里所称的损失，指的是经济利益损失。从我国公司实践和有关司法实践来看，股东因公司未依法备置文件材料遭受损失，主要是由于公司会计账簿被故意隐匿或者销毁所导致，股东因此遭受的损失如无法组织公司清算而依法承担赔偿责任带来的损失等。当然，股东对诉请的具体金额负有证明责任。第三，公司董事、高级管理人员的失职行为与股东的实际损害之间应当具有因果关系。第四，判断民事赔偿责任的范围时，应当根据责任和原因力的大小，采用侵权法上的相当性说，合理确定公司、高级管理人员的责任比例和赔偿金额。

八、关于公司利润分配纠纷案件的裁判原则与例外

由于股东投资的最终目的就是获得投资收益，因此利润分配权是股东权利的核心。在公司法理论上，股东的利润分配权分为抽象的利润分配权和具体的利润分配权。所谓抽象的利润分配权，是指公司在每个会计年度进行决算后，股东依据公司的决定获取相应红利的权利。由于公司是否有利润可分配和是否分配利润具有不确定性，因此抽象的利润分配权属于期待权，但同时又是股东所享有的一种固有权，公司章程或公司机关不得剥夺或限制。所谓具体的利润分配权，是指公司股东会或股东大会对有关利润分配事项作出决议后，股东所享有的分配请求权。请求公司分配利润是股东的固有权利，但是否以及如何进行利润分配，既属于公司发展谋略和商业判断的范畴，更取决于公司是否具备可分配利润等现实情况，具有不确定性，因此，通常情况下，司法审判不宜亦难以介入公司利润分配。因此，《解释》第14条、第15条分别从正反两个方面规定了利润分配纠纷案件裁判的基本原则：股东提交载明具体分配方案的股东会或者股东大会的有效决议，请求公司分配利润，公司拒绝分配利润且其关于无法执行决议的抗辩理由不成立的，人民法院应当判决公司按照决议载明的具体分配方案向股东分配利润；股东不能提供载有具体分配方案的公司股东会或者股东大会有效决议的，对其关于分配公司利润的请求，人民法院原则上不予支持。

但在我国公司实践中，由于大股东排挤、压榨小股东，以及董事会等内部人控制等原因，导致大股东变相分配公司利润，而小股东无法参与分配公司利润的情况越来越多，严重违反了股东权利不得滥用、同股同权等基本原则，损害了股东的利润分配请求权。在公司法现有制度下，此时小股东只能依法请求公司回购其股份或者请求解散公司。但这些权利行使的难度较大，且即使成功亦导致股东无法分享公司的长期发展利益。纵观各国公司法的规定，在股东/董事高管滥用权利不分配利润、损害股东甚至公司利益的情况下，其他股东大多有谋求司法救济的实体和程序规则。《解释》第15条亦规定了有限的除外情形，以期为中小股东受到的不公平损害提供救济渠道，即在公司依法具备可分配利润，且股东滥用股东权利导致公司不分配利润，给其他股东造成损失的

情况下，人民法院可以根据原告股东的诉讼请求和具体案情，对股东利润分配权予以适当救济。从司法实践来看，股东控制公司从事下列行为之一的，可以认定为滥用股东权利：给在公司任职的股东或者其指派的人发放与公司规模、营业业绩、同行业薪酬水平明显不符的过高薪酬，变相给该股东分配利润的；购买与经营不相关的服务或者财产供股东消费或者使用，变相给该股东分配利润的；为了不分配利润隐瞒或者转移公司利润的。应当强调的是，《解释》没有对此类案件的裁判方式作出规定，主要是因为具体裁判取决于原告的诉请及案件的实际情况，难以作出统一规定。但总体上，人民法院在审理此类案件时，应当尽可能穷尽公司内部的救济途径，积极行使释明权，尽量促使公司作出分配利润的决议。

九、关于优先购买权的行使通知

公司法第七十一条对优先购买权的行使通知，亦即转让股东向其他股东通知股权转让事项的义务做了原则性规定。司法实践中对通知的方式、内容、次数等均存在一定争议。这些问题表面上是优先购买权行使的程序性、技术性问题，似乎并不重要，但在优先购买权纠纷案件中经常成为认识事实和作出裁判的难点，有必要加以明确。

关于股权转让通知的方式问题。公司法第七十一条第二款明确规定转让股东应当就其股权转让事项书面通知其他股东征求同意。对于何谓书面，公司法并无明确定义。在2005年公司法修订之前颁布的合同法规定，书面形式是指合同书、信件和数据电文（包括电报、电传、传真、电子数据交换和电子邮件）等可以有形地表现所载内容的形式，从立法上确认了书面并不局限于纸面。但在社会观念甚至司法实践中，仍然存在将书面局限于纸面的认识，显然已经难以适应通信技术的迅猛发展。《解释》没有对书面作出定义，而将其他能够确认收悉的合理方式与书面方式并列作为合格的通知方式，实际上拓展了通知的有效方式，符合公司法第七十一条第二款关于获得股权转让事项通知的立法目的，也符合日新月异的股权转让实践活动。

关于通知的内容和次数问题。就此，围绕对公司法第七十一条第二款、第三款的理解，公司法理论研究和司法实践存在不同认识。主要的分歧存在于是转让股东应当先将股权转让意向通知其他股东征求同意，在其他股东过半数同意后再将股权转让的全部事项通知其他股东，即所谓履行两次通知义务，还是可以在与股东以外的受让人（以下简称第三人）就股权转让的主要条件协商一致甚至订立股权转让合同后，将股权转让事项一次通知其他股东。其中，主张两次通知的观点，其主要理论依据是：应当保障其他股东与转让股东首次谈判的权利，以维护其人合性利益，因此转让股东负有在将转让意向通知其他股东前，不得与公司以外的人谈判股权转让事项的义务。我们认为，首先，从公司法第七十一条第二款的规定看，转让股东对外转让股权，是其他股东享有优先购买权的前提，因此要求转让股东必须首先与其他股东谈判，将与优先购买权成立的前提形成悖论。其次，所谓的首次谈判权，缺乏足够的理论依据。最后，即使作出类似规定，在公司实践中亦难以对转让股东进行有效监督，更缺乏相应的责任保障，不具有可操作性。在公司实践中，股东之间及股东与第三人之间就股权转让事项进行各种形式的反复磋商的情形较多，对通知的次数和每次通知的内容作出统一规定，不符合复杂的商业实践，不具有可行性。从公司法第七十一条保障股东优先购买权的立法目的出发，《解释》仅在第17条第2款规定："经股东同意转让的股权，其他股东主张转让股东应当向其以书面或者其他能够确认收悉的合理方式通知转让股权的同等条件的，人民法院应当予以支持。"其意旨在于，对转让股东将股权转让事项通知其他股东的次数和每次通知的内容不作要求，但一方面，其他股东有权要求知悉其转让股权的同等条件，另一方面，在其将转让股权的同等条件通知其他股东之前，其他股东行使优先购买权的条件并未成就、期限并不起算。

十、关于优先购买权行使的同等条件

股权优先购买权制度是对转让股东处分自由的法定限制。从公司法第七十一条的规定看，这一制度旨在既保障其他股东的人合性利益，因而在一定程度上限制转让股东选择相对人的合同自由，赋予其他股东以优先购买的权利；又保障转让股东实现股权价值最大化的正当权益，要求只有其他股东所提出的购买条件与第三人同等，才可行使优先购买的权利。因此，满足同等条件是股权优先购买权行使的核心前提。但如何合理确定股权转让中的同等条件，是理论和实践的难题。我们认为，既不能要求其他股东优先购买的条件与公司以外的第三人绝对相同或完全一致，以避免架空其他股东的优先购买权，也不能过于模糊，使同等条件的确定无据可依而随意化。

《解释》第18条采取了列举式的解释方法，规定人民法院在判断是否符合公司法第七十一条第三款及《解释》所称的“同等条件”时，应当考虑转让股权的数量、价格、支付方式及期限等因素。这几个方面的因素，是对比同等条件时必须考虑的基本因素。其中，股权转让数量同等的含义，在于排除其他股东部分行使优先购买权的权利，以保障转让股东获取整体转让股权可能蕴含的经济价值，特别是控制权溢价。价格同等的含义，在于股东应当以高于或与第三人相同的价格条件行使优先购买权，对金钱以外的其他合同条件，能够折算成金钱计算的，亦可纳入价格因素考量。支付方式同等的含义，在于保障转让股东最终实际取得转让价金的权利，因此原则上应当肯定其他股东有权按照转让股东与第三人订立的支付方式行使优先购买权，但对转让股东与股东以外的人之间基于信任关系确定的支付方式，如分期付款、商业承兑汇票等，不能简单作为其他股东行使优先购买权的同等条件，而应当充分考虑对转让股东合法权益的保障。支付期限同等的含义，在于其他股东行使优先购买权时的支付期限应当不晚于股东以外的受让人的支付期限，但如果后者约定期限系明显不合理的较短期限时，人民法院可以根据转让价款的金额大小、其他股东的支付能力等因素确定合理期限。对于上述因素以外的其他因素，如股东以外的受让人的身份、作为合同对价的非公司经营所需的特定物等，一般不应作为衡量同等条件的因素。但对于公司经营发展所必需的技术秘密、销售渠道等合同条件，亦可作为同等条件予以考量，其他股东确实不能提供同等条件的，应当不允许其行使优先购买权。

十一、关于优先购买权的损害救济

《解释》第21条是对股东优先购买权受到损害时如何获得救济的规定。该条规定依据诚信、公平等基本原则对公司法第七十一条第二款、第三款进行解释，规定其他股东此时享有强制缔约以优先购买的权利，与《解释》第20条规定转让股东依法履行通知义务时享有放弃转让权利相互呼应。该条第1款但书规定的宗旨在于维护公司稳定经营。股权转让及股权变动以后如果达到一定期间，则新股东与其他股东的人合性和公司经营管理都进入了一个新的稳定状态，此时如果支持其他股东行使优先购买权，将破坏公司的稳定经营。根据该规定，在股权已经变更登记的情况下，其他股东在股权变更登记之日起的1年以内，知道或者应当知道同等条件的，应当在30日以内提出优先购买的主张；超过1年以后，不论是否在该30日内提出优先购买权主张，均不予支持。

在股权还没有变更登记的情况下，其他股东可以自知道或者应当知道行使优先购买权的同等条件之日起30日以内主张优先购买，超过期限提出主张的不予支持。此时，就其他股东行使优先购买权并没有规定最长期间，但应当受到诉讼时效的限制。

为防止其他股东在并无购买转让股权意愿的情况下仅请求确认转让合同或者股权变动的效力，但不主张优先购买，由此造成无意义的诉讼，《解释》第21条第2款规定，人民法院对此类请求不予支持。该规定有利于维护交易秩序、公司经营秩序的稳定和公司外第三人的合法权益。但其他股东非因自身原因，比如超过股权变动1年以后知道或者应当知道同等条件，导致无法行使优先购买权的，其可以提出损害赔偿主张。

在其他股东成功行使优先购买权的情况下，必然在转让股东与第三人、其他股东之间分别成立两个合同。特别是在损害其他股东优先购买权情况下，如何处理转让股东与第三人在先转让合同的效力问题，存在较大争议，公司法理论上产生了有效说、无效说、附法定条件生效说、效力待定说、可撤销说、相对无效说等各种主张，司法实践中亦有类似的分歧。我们认为，这些主张有的与合同法关于合同效力的相关规定并不相符，如无效说、可撤销说等；有的缺乏合同法依据，如相对无效说等；有的没有涵盖此类合同效力可能存在的多种形态，如有效说等。由于损害其他股东优先购买权的手段和方式存在多种类型，而且此外还存在影响转让股东与第三人股权转让合同效力的其他因素，因此此类合同的效力难以一概而论，而应当结合案情，依据合同法的规定具体分析。比如转让股东与股东以外的受让人恶意串通损害其他股东优先购买权的，根据合同法第五十二条第（二）项的规定，对外转让股权的合同无效。其他股东可以主张确认无效，并主张按照同等条件优先购买；股东以外的受让人只能请求与转让股东按照过错分配责任。

需要深入分析的问题是，在其他股东成功行使优先购买权的情况下，如果转让股东与第三人订立的股权转让合同有效，第三人是否有权要求实际履行？是否会因此产生与股东优先购买权的冲突？我们认为，对此种情形应当适用合同法第一百一十条第（一）项的规定，即法律上不能履行的非金钱债务，对方不得要求履行，对第三人提出的实际履行请求不予支持。这里的“法律”，即公司法第七十一条规定的其他股东的优先购买权。因为如果履行对外转让股权的合同，就会侵犯其他股东的优先购买权。此时，其他股东可以行使优先购买权阻却对外股权转让合同的履行及股权变动的效力，主张按照同等条件购买，股东以外的买受人则可以依法主张违约责任。基于上述认识，《解释》第21条第3款规定："股东以外的股权受让人，因股东行使优先购买权而不能实现合同目的的，可以依法请求转让股东承担相应民事责任。"

十二、关于完善股东代表诉讼的诉讼机制

《解释》第23条至第26条规定完善了股东代表诉讼的诉讼机制。第一，明确公司法第一百五十一条涉及两类不同诉讼。就公司法第一百五十一条第一款规定的股东代表诉讼前置程序中，公司董事会或者执行董事、监事会或者监事根据股东请求向人民法院提起诉讼的类型及当事人诉讼地位，司法实践存在不同认识。有观点认为，该类诉讼应为代表诉讼，故应列公司董事会或者执行董事、监事会或者监事为原告，列公司为第三人。我们认为，公司董事会或者执行董事、监事会或者监事系公司机关，其履行法定职责代表公司提起的诉讼是公司直接诉讼，应列公司为原告。《解释》第23条对此予以了明确。第二，完善了股东代表诉讼的具体机制。由于公司法第一百五十一条第二款、第三款规定了股东代表诉讼，但对于股东代表诉讼中的当事人地位、胜诉利益的归属、诉讼费用的负担等问题缺乏具体操作规则，《解释》第24条、第25条和第26条分别对此作出了规定。需要强调的是，公司在股东代表诉讼中虽然属于实质原告，但由于公司怠于行使诉权，而由股东代表其提起诉讼，因此只能列为第三人参加诉讼。股东代表诉讼系以维护公司利益为目的，公司是实质意义上的原告，而股东仅为名义原告，因此胜诉利益应归公司所有，对股东请求被告直接向其承担民事责任的，人民法院不予支持。在股东败诉的情况下，股东代表诉讼的诉讼后果如何负担的问题，《解释》没有作出明确规定。如果人民法院依法裁判驳回股东提出的诉讼请求或者起诉，并且公司因此遭受实际损失的，公司应当有权依据股东的过错情况请求股东承担相应赔偿责任。

最高人民法院

关于充分发挥审判职能作用为企业家创新创业营造良好法治环境的通知

2017 年 12 月 29 日　　法〔2018〕1 号

各省、自治区、直辖市高级人民法院，解放军军事法院，新疆维吾尔自治区高级人民法院生产建设兵团分院：

2017 年 9 月 8 日，中共中央、国务院印发《关于营造企业家健康成长环境弘扬优秀企业家精神更好发挥企业家作用的意见》（以下简称《意见》），这是推进供给侧结构性改革、实施创新发展战略、促进经济持续平稳健康发展的重要举措。为深入贯彻党的十九大精神和《意见》的要求，充分发挥审判职能作用，依法平等保护企业家合法权益，为企业家创新创业营造良好法治环境，现通知如下。

一、深刻认识依法平等保护企业家合法权益的重大意义。企业家是经济活动的重要主体。改革开放以来，一大批优秀企业家在市场竞争中迅速成长，为积累社会财富、创造就业岗位、促进经济社会发展、增强综合国力做出了重要贡献。人民法院充分发挥审判职能作用，依法平等保护企业家合法权益，为企业家创新创业营造良好法治环境，对于增强企业家人身及财产财富安全感，稳定社会预期，使企业家安心经营、放心投资、专心创业，充分发挥企业家在建设现代化经济体系、促进经济持续平稳健康发展中的作用具有重大意义。

二、依法保护企业家的人身自由和财产权利。严格执行刑事法律和司法解释，坚决防止利用刑事手段干预经济纠纷。坚持罪刑法定原则，对企业家在生产、经营、融资活动中的创新创业行为，只要不违反刑事法律的规定，不得以犯罪论处。严格非法经营罪、合同诈骗罪的构成要件，防止随意扩大适用。对于在合同签订、履行过程中产生的民事争议，如无确实充分的证据证明符合犯罪构成的，不得作为刑事案件处理。严格区分企业家违法所得和合法财产，没有充分证据证明为违法所得的，不得判决追缴或者责令退赔。严格区分企业家个人财产和企业法人财产，在处理企业犯罪时不得牵连企业家个人合法财产和家庭成员财产。

三、依法保护诚实守信企业家的合法权益。妥善认定政府与企业签订的合同效力，对有关政府违反承诺，特别是仅因政府换届、领导人员更替等原因违约、毁约的，依法支持企业的合理诉求。妥善审理因政府规划调整、政策变化引发的民商事、行政纠纷案件，对于确因政府规划调整、政策变化导致当事人签订的民商事合同不能履行的，依法支持当事人解除合同的请求。对于当事人请求返还已经支付的国有土体使用权出让金、投资款、租金或者承担损害赔偿责任的，依法予以支持。对企业家财产被征收征用的，要综合运用多种方式进行公平合理的补偿。

四、依法保护企业家的知识产权。完善符合知识产权案件特点的诉讼证据规则，着力破解知识产权权利人“举证难”问题。推进知识产权民事、刑事、行政案件审判三合一，增强知识产权司法保护的整体效能。建立以知识产权市场价值为指引，补偿为主、惩罚为辅的侵权损害司法认定机制，提高知识产权侵权赔偿标准。探索建立知识产权惩罚性赔偿制度，着力解决实践中存在的侵权成本低、企业家维权成本高的问题。坚持依法维护劳动者合法权益与促进企业生存发展并重的原则，依法保护用人单位的商业秘密等合法权益。

五、依法保护企业家的自主经营权。加强金融审判工作，促进金融服务实体经济。对商业银行、典当公司、小额贷款公司等金融机构以不合理收费变相收取高息的，参照民间借贷利率标准处理，降低企业融资成本。加强破产案件审理，对于暂时经营困难但是适应市场需要具有发展潜力和经营价值的企业，综合运用重整、和解等手段，促进生产要素的优化组合和企业转型升级。对违法违规向企业收费或者以各种监督检查的名义非法干预企业自主经营权的，依法予以纠正。严格依法采取财产保全、行为保全等强制措施，防止当事人恶意利用保全手段，侵害企业正常生产经营。对资金暂时周转困难、尚有经营发展前景的负债企业，慎用冻结、划拨流动资金等手段。加强对虚假诉讼和恶意诉讼的审查力度，对于恶意利用诉讼打击竞争企业，破坏企业家信誉的，要区分情况依法处理。

六、努力实现企业家的胜诉权益。综合运用各种强制执行措施，加快企业债权实现。强化对失信被执行人的信用惩戒力度，推动完善让失信主体“一处失信、处处受限”的信用惩戒大格局。同时，营造鼓励创新、宽容失败的社会氛围。对已经履行生效裁判文书义务或者申请人滥用失信被执行人名单的，要及时恢复企业家信用。对经营失败无偿债能力但无故意规避执行情形的企业家，要及时从失信被执行人名单中删除。

七、切实纠正涉企业家产权冤错案件。进一步加大涉企业家产权冤错案件的甄别纠正工作力度，对于涉企业家产权错案冤案，要依法及时再审，尽快纠正。准确适用国家赔偿法，及时启动国家赔偿程序，公正高效审理涉及企业家的国家赔偿案件，加大赔偿决定执行力度，依法保障企业家的合法权益。

八、不断完善保障企业家合法权益的司法政策。进一步加快“智慧法院”建设，充分利用信息技术，深入调研涉企业家案件的审判执行疑难问题，及时总结审判经验，健全裁判规则。加大制定司法解释、发布指导性案例工作力度，统一司法尺度和裁判标准。在制定有关司法政策、司法解释过程中要充分听取企业家的意见、建议。

九、推动形成依法保障企业家合法权益的良好社会氛围。进一步通过公开开庭等生动直观的形式，大力宣传党和国家依法平等保护企业家合法权益弘扬优秀企业家精神的方针政策。持续强化以案释法工作，及时公布一批依法保护企业家合法权益的典型案例和好做法、好经验，推动形成企业家健康成长良好法治环境和社会氛围。

十、增强企业家依法维护权益、依法经营的意识。加大对企业家的法治宣传和培训力度，提高企业家依法维护自身合法权益的意识和能力。依法打击破坏市场秩序、不正当竞争等违法行为，积极引导企业家在经营活动中遵纪守法、诚实守信、公平竞争、恪尽责任，弘扬优秀企业家精神。

各级人民法院要加强组织领导，制定工作方案，切实将依法保障企业家合法权益的工作落到实处。在审判执行工作中遇到新情况新问题的，请及时层报最高人民法院。

最高人民法院研究室负责人就《最高人民法院关于充分发挥审判职能作用　为企业家创新创业营造良好法治环境的通知》答记者问

2017年12月29日，最高人民法院下发了《最高人民法院关于充分发挥审判职能作用为企业家创新创业营造良好法治环境的通知》。记者就此采访了最高人民法院研究室负责人。

问：刚刚发布的《最高人民法院关于充分发挥审判职能作用　为企业家创新创业营造良好法治环境的通知》，引起社会广泛关注。请问当前为什么要出台这个通知？

答：企业家是经济活动的重要主体。以习近平同志为核心的党中央高度重视企业家队伍建设，对激发和保护企业家精神作出了一系列决策部署。去年9月8日，中共中央国务院印发了《关于营造企业家健康成长环境　弘扬优秀企业家精神　更好发挥企业家作用的意见》（以下简称《意见》），这是推进供给侧结构性改革、实施创新发展战略、促进经济持续平稳健康发展的重要举措。《意见》明确提出要"营造保护企业家合法权益的法治环境"，依法保护企业家的财产权、创新权益、自主经营权等权益。人民法院作为审判机关，每年审理大量的涉企业家的各类案件，在依法平等保护企业家合法权益、营造企业家创新创业良好法治环境方面负有重要责任。最高人民法院发布《关于充分发挥审判职能作用为企业家创新创业营造良好法治环境的通知》（以下简称《通知》），就是认真贯彻落实中央《意见》的具体举措。这个《通知》的出台，将进一步提高全国各级法院依法维护企业家合法权益的水平，增强企业家人身及财产财富安全感，使企业家安心经营、放心投资、专心创业，促进我国经济持续平稳健康发展。

问：当前，利用刑事手段插手经济纠纷的现象一定程度存在。请问《通知》在防止利用刑事手段干预经济纠纷方面有哪些具体措施？

答：利用刑事手段插手经济纠纷，是企业家们反映较为突出的问题，直接影响到企业家人身及财产财富安全感，关系到企业家能否真正做到安心经营、放心投资、专心创业。因此，坚决防止利用刑事手段干预经济纠纷，依法保护企业家人身财产权利，对于回应企业家关切，引导企业家预期，激励企业家创新具有重要意义。为此，《通知》提出，对企业家在生产、经营、融资活动中的创新行为，只要不违反刑事法律的规定，不得以犯罪论处。对于在合同签订、履行过程中产生的民事争议，如无确实充分的证据证明符合犯罪构成要件的，不得作为刑事案件处理。严格区分企业家违法所得和合法财产，没有充分证据证明为违法所得的，不得判决追缴或者责令退赔。严格区分企业家个人财产和企业法人财产，在处理企业犯罪时不得牵连企业家个人合法财产和家庭成员财产。

问：当前企业家比较关心营造有利于企业家成长发展的公开公平公正的市场环境。《通知》对此有何具体要求？

答：公开公平公正的市场环境，是企业家创业、创新的气候和土壤，也是弘扬企业家精神、发挥企业家作用的重要保障。最高人民法院多年来注重充分发挥司法审判职能作用，营造公开公平公正的市场环境，营造稳定公平透明可预期的营商环境。2017 年 8 月 7 日，最高人民法院专门出台《关于为改善营商环境提供司法保障的若干意见》，对改善投资和市场环境，营造稳定公平透明、可预期的营商环境，加快建设开放型经济新体制提供司法服务和保障明确了意见，提出相应的具体措施。《通知》在该意见基础上，针对当前企业家关注较为集中的问题，明确提出了进一步加大审判力度、强化企业家合法权益保障的具体措施。其中，比较重要的有三方面内容：

一是针对企业家反映的某些地方政府违约的问题，《通知》规定妥善认定政府与企业签订的合同效力，对政府违反承诺违约、毁约的，依法支持企业的合理诉求；对于确因政府规划调整、政策变化导致当事人签订的民商事合同不能履行的，依法支持当事人解除合同的请求；对于当事人请求返还国有土地使用权出让金、投资款、租金或者承担赔偿损失责任的，依法予以支持；对企业财产被征收征用的，要综合运用多种方式公平合理补偿。

二是针对企业家反映强烈的融资难、融资成本高的问题，《通知》明确把促进金融服务实体经济，作为金融审判的价值导向，提出对商业银行、典当公司、小额贷款公司等金融机构以不合理收费变相收取高息的，应参照民间借贷利率标准处理，即按照《最高人民法院关于审理民间借贷案件适用法律若干问题的规定》第26条规定的利率标准处理。

三是针对企业家反映较为突出的实践中存在的知识产权侵权成本低、企业家维权成本高的问题，《通知》明确要求各级人民法院要建立以知识产权市场价值为指引，以补偿为主、惩罚为辅的侵权损害司法认定机制，提高知识产权侵权赔偿标准，并要求在知识产权审判中建立知识产权惩罚性赔偿制度。

问：当前社会诚信建设急需加强。请问人民法院如何通过审判执行工作促进社会诚信建设？

答：一方面，按照中央《意见》中关于实行守信联合激励和失信联合惩戒的规定，《通知》明确要求各级人民法院要推动完善让失信主体“一处失信、处处受限”的信用惩戒大格局，强化对失信被执行人的信用惩戒力度，促进社会诚信建设，实现长效治理。另一方面，《通知》还针对调研中企业家反映较为突出的信用恢复机制问题，按照中央《意见》的精神，要求各级人民法院对已经履行生效裁判文书义务或者申请人滥用失信被执行人名单的，及时恢复企业家信用，保护企业的正常生产经营活动；对经营失败无偿债能力但无逃避执行情形的企业家，及时从失信被执行人名单中删除，营造鼓励创新、宽容失败的社会氛围。

问：当前一些当事人恶意利用诉讼程序，虚假诉讼、恶意诉讼的情形一定程度存在。请问《通知》是如何规制虚假诉讼、恶意诉讼问题的？

答：我们在调研中发现，目前利用恶意诉讼、虚假诉讼打击竞争企业，破坏企业家信誉的情况确实存在。对此，《通知》要求各级人民法院要加大对虚假诉讼和恶意诉讼的审查力度，对于构成虚假诉讼和恶意诉讼的，要依法裁定不予受理；已经立案的，裁定驳回起诉，并依法进行制裁；对于构成犯罪的，要依法追究刑事责任。针对恶意利用保全措施侵害企业正常生产经营问题，《通知》要求各级人民法院要严格依法采取财产保全、行为保全等强制措施，避免超标的保全，防止当事人恶意利用保全手段，侵害企业正常生产经营。

问：人民法院如何进一步加大涉企业家产权冤错案件的甄别纠正工作

力度？

答：2016 年，最高人民法院发布了《关于充分发挥审判职能作用切实加强产权司法保护的意见》、《关于依法妥善处理历史形成的产权案件工作实施意见》。针对历史形成的涉产权冤错案件，最高人民法院成立甄别纠正工作小组，审查有关申诉案件或再审申请。经过一年多的努力，最高人民法院对当事人申诉及申请再审的一批案件进行了认真的审查甄别。去年年底，最高人民法院决定对原审被告人张文中诈骗、单位行贿、挪用资金案、原审被告人顾雏军虚报注册资本、违规披露、不披露重要信息、挪用资金案等三起重大涉产权案件启动再审，这是贯彻中央全面依法治国方略和中央关于产权保护意见的重大举措。纠正一起错案胜过制定一打文件。我们相信，对确有错误的涉产权案件特别是具有重大社会影响的涉产权错案进行再审，必将进一步增强广大企业家的财产财富安全感，稳定企业家的预期，对推进当前正在进行的供给侧结构性改革，促进我国经济持续平稳健康发展产生积极而深远的影响。

问：《通知》出台后，人民法院将怎样抓好贯彻落实？

答：《通知》针对企业家关心的问题，提出了一系列具体举措。这些举措能否见效，关键在于抓落实。为此，人民法院将做好以下工作：

一是抓指导。最高人民法院和各高级人民法院要进一步深入调研涉企业家审判执行工作中的疑难问题，健全企业家权益依法保护的机制；加大制定涉企业家合法权益保障的司法解释、发布指导性案例等工作力度，统一司法尺度、裁判标准。

二是抓案例。各级人民法院要持续强化以案释法工作，及时公布一批依法保护企业家合法权益的好案例，推动形成企业家健康成长良好法治环境和社会氛围。

三是抓宣传。各级人民法院要进一步通过公开开庭、巡回法庭、庭审现场直播、生效法律文书统上网等生动直观的形式，大力宣传党和国家依法平等保护企业家权益弘扬优秀企业家精神的方针政策和法律法规。

来源：最高人民法院网站

最高人民法院

关于审理仲裁司法审查案件若干问题的规定

法释〔2017〕22号

（2017年12月4日最高人民法院审判委员会第1728次会议通过 2017年12月26日公布 自2018年1月1日起施行）

为正确审理仲裁司法审查案件，依法保护各方当事人合法权益，根据《中华人民共和国民事诉讼法》《中华人民共和国仲裁法》等法律规定，结合审判实践，制定本规定。

第一条 本规定所称仲裁司法审查案件，包括下列案件：

（一）申请确认仲裁协议效力案件；

（二）申请执行我国内地仲裁机构的仲裁裁决案件；

（三）申请撤销我国内地仲裁机构的仲裁裁决案件；

（四）申请认可和执行香港特别行政区、澳门特别行政区、台湾地区仲裁裁决案件；

（五）申请承认和执行外国仲裁裁决案件；

（六）其他仲裁司法审查案件。

第二条 申请确认仲裁协议效力的案件，由仲裁协议约定的仲裁机构所在地、仲裁协议签订地、申请人住所地、被申请人住所地的中级人民法院或者专门人民法院管辖。

涉及海事海商纠纷仲裁协议效力的案件，由仲裁协议约定的仲裁机构所在地、仲裁协议签订地、申请人住所地、被申请人住所地的海事法院管辖；上述地点没有海事法院的，由就近的海事法院管辖。

第三条 外国仲裁裁决与人民法院审理的案件存在关联，被申请人住所地、被申请人财产所在地均不在我国内地，申请人申请承认外国仲裁裁决的，由受理关联案件的人民法院管辖。受理关联案件的人民法院为基层人民法院的，申请承认外国仲裁裁决的案件应当由该基层人民法院的上一级人民法院管辖。受理关联案件的人民法院是高级人民法院或者最高人民法院的，由上述法院决定自行审查或者指定中级人民法院审查。

外国仲裁裁决与我国内地仲裁机构审理的案件存在关联，被申请人住所地、被申请人财产所在地均不在我国内地，申请人申请承认外国仲裁裁决的，由受理关联案件的仲裁机构所在地的中级人民法院管辖。

第四条 申请人向两个以上有管辖权的人民法院提出申请的，由最先立案的人民法院管辖。

第五条 申请人向人民法院申请确认仲裁协议效力的，应当提交申请书及仲裁协议正本或者经证明无误的副本。

申请书应当载明下列事项：

（一）申请人或者被申请人为自然人的，应当载明其姓名、性别、出生日期、国籍及住所；为法人或者其他组织的，应当载明其名称、住所以及法定代表人或者代表人的姓名和职务；

（二）仲裁协议的内容；

（三）具体的请求和理由。

当事人提交的外文申请书、仲裁协议及其他文件，应当附有中文译本。

第六条 申请人向人民法院申请执行或者撤销我国内地仲裁机构的仲裁裁决、申请承认和执行外国仲裁裁决的，应当提交申请书及裁决书正本或者经证明无误的副本。

申请书应当载明下列事项：

（一）申请人或者被申请人为自然人的，应当载明其姓名、性别、出生日期、国籍及住所；为法人或者其他组织的，应当载明其名称、住所以及法定代表人或者代表人的姓名和职务；

（二）裁决书的主要内容及生效日期；

（三）具体的请求和理由。

当事人提交的外文申请书、裁决书及其他文件，应当附有中文译本。

第七条 申请人提交的文件不符合第五条、第六条的规定，经人民法院释明后提交的文件仍然不符合规定的，裁定不予受理。

申请人向对案件不具有管辖权的人民法院提出申请，人民法院应当告知其向有管辖权的人民法院提出申请，申请人仍不变更申请的，裁定不予受理。

申请人对不予受理的裁定不服的，可以提起上诉。

第八条 人民法院立案后发现不符合受理条件的，裁定驳回申请。

前款规定的裁定驳回申请的案件，申请人再次申请并符合受理条件的，人民法院应予受理。

当事人对驳回申请的裁定不服的，可以提起上诉。

第九条 对于申请人的申请，人民法院应当在七日内审查决定是否受理。

人民法院受理仲裁司法审查案件后，应当在五日内向申请人和被申请人发出通知书，告知其受理情况及相关的权利义务。

第十条 人民法院受理仲裁司法审查案件后，被申请人对管辖权有异议的，应当自收到人民法院通知之日起十五日内提出。人民法院对被申请人提出的异议，应当审查并作出裁定。当事人对裁定不服的，可以提起上诉。

在中华人民共和国领域内没有住所的被申请人对人民法院的管辖权有异议的，应当自收到人民法院通知之日起三十日内提出。

第十一条 人民法院审查仲裁司法审查案件，应当组成合议庭并询问当事人。

第十二条 仲裁协议或者仲裁裁决具有《最高人民法院关于适用〈中华人民共和国涉外民事关系法律适用法〉若干问题的解释（一）》第一条规定情形的，为涉外仲裁协议或者涉外仲裁裁决。

第十三条 当事人协议选择确认涉外仲裁协议效力适用的法律，应当作出明确的意思表示，仅约定合同适用的法律，不能作为确认合同中仲裁条款效力适用的法律。

第十四条 人民法院根据《中华人民共和国涉外民事关系法律适用法》第十八条的规定，确定确认涉外仲裁协议效力适用的法律时，当事人没有选择适用的法律，适用仲裁机构所在地的法律与适用仲裁地的法律将对仲裁协议的效力作出不同认定的，人民法院应当适用确认仲裁协议有效的法律。

第十五条 仲裁协议未约定仲裁机构和仲裁地，但根据仲裁协议约定适用的仲裁规则可以确定仲裁机构或者仲裁地的，应当认定其为《中华人民共和国涉外民事关系法律适用法》第十八条中规定的仲裁机构或者仲裁地。

第十六条 人民法院适用《承认及执行外国仲裁裁决公约》审查当事人申请承认和执行外国仲裁裁决案件时，被申请人以仲裁协议无效为由提出抗辩的，人民法院应当依照该公约第五条第一款（甲）项的规定，确定确认仲裁协议效力应当适用的法律。

第十七条 人民法院对申请执行我国内地仲裁机构作出的非涉外仲裁裁决案件的审查，适用《中华人民共和国民事诉讼法》第二百三十七条的规定。

人民法院对申请执行我国内地仲裁机构作出的涉外仲裁裁决案件的审查，适用《中华人民共和国民事诉讼法》第二百七十四条的规定。

第十八条 《中华人民共和国仲裁法》第五十八条第一款第六项和《中华人民共和国民事诉讼法》第二百三十七条第二款第六项规定的仲裁员在仲裁该案时有索贿受贿，徇私舞弊，枉法裁决行为，是指已经由生效刑事法律文书或者纪律处分决定所确认的行为。

第十九条 人民法院受理仲裁司法审查案件后，作出裁定前，申请人请求撤回申请的，裁定准许。

第二十条 人民法院在仲裁司法审查案件中作出的裁定，除不予受理、驳回申请、管辖权异议的裁定外，一经送达即发生法律效力。当事人申请复议、提出上诉或者申请再审的，人民法院不予受理，但法律和司法解释另有规定的除外。

第二十一条 人民法院受理的申请确认涉及香港特别行政区、澳门特别行政区、台湾地区仲裁协议效力的案件，申请执行或者撤销我国内地仲裁机构作出的涉及香港特别行政区、澳门特别行政区、台湾地区仲裁裁决的案件，参照适用涉外仲裁司法审查案件的规定审查。

第二十二条 本规定自2018年1月1日起施行，本院以前发布的司法解释与本规定不一致的，以本规定为准。

最高人民法院

关于仲裁司法审查案件报核问题的有关规定

法释〔2017〕21号

（2017年11月20日最高人民法院审判委员会第1727次会议通过 2017年12月26日公布 自2018年1月1日起施行）

为正确审理仲裁司法审查案件，统一裁判尺度，依法保护当事人合法权益，保障仲裁发展，根据《中华人民共和国民事诉讼法》《中华人民共和国仲裁法》等法律规定，结合审判实践，制定本规定。

第一条 本规定所称仲裁司法审查案件，包括下列案件：

（一）申请确认仲裁协议效力案件；

（二）申请撤销我国内地仲裁机构的仲裁裁决案件；

（三）申请执行我国内地仲裁机构的仲裁裁决案件；

（四）申请认可和执行香港特别行政区、澳门特别行政区、台湾地区仲裁裁决案件；

（五）申请承认和执行外国仲裁裁决案件；

（六）其他仲裁司法审查案件。

第二条 各中级人民法院或者专门人民法院办理涉外涉港澳台仲裁司法审查案件，经审查拟认定仲裁协议无效，不予执行或者撤销我国内地仲裁机构的仲裁裁决，不予认可和执行香港特别行政区、澳门特别行政区、台湾地区仲裁裁决，不予承认和执行外国仲裁裁决，应当向本辖区所属高级人民法院报核；高级人民法院经审查拟同意的，应当向最高人民法院报核。待最高人民法院审核后，方可依最高人民法院的审核意见作出裁定。

各中级人民法院或者专门人民法院办理非涉外涉港澳台仲裁司法审查案件，经审查拟认定仲裁协议无效，不予执行或者撤销我国内地仲裁机构的仲裁裁决，应当向本辖区所属高级人民法院报核；待高级人民法院审核后，方可依高级人民法院的审核意见作出裁定。

第三条 本规定第二条第二款规定的非涉外涉港澳台仲裁司法审查案件，高级人民法院经审查拟同意中级人民法院或者专门人民法院认定仲裁协议无效，不予执行或者撤销我国内地仲裁机构的仲裁裁决，在下列情形下，应当向最高人民法院报核，待最高人民法院审核后，方可依最高人民法院的审核意见作出裁定：

（一）仲裁司法审查案件当事人住所地跨省级行政区域；

（二）以违背社会公共利益为由不予执行或者撤销我国内地仲裁机构的仲裁裁决。

第四条 下级人民法院报请上级人民法院审核的案件，应当将书面报告和案件卷宗材料一并上报。书面报告应当写明审查意见及具体理由。

第五条 上级人民法院收到下级人民法院的报核申请后，认为案件相关事实不清的，可以询问当事人或者退回下级人民法院补充查明事实后再报。

第六条 上级人民法院应当以复函的形式将审核意见答复下级人民法院。

第七条 在民事诉讼案件中，对于人民法院因涉及仲裁协议效力而作出的不予受理、驳回起诉、管辖权异议的裁定，当事人不服提起上诉，第二审人民法院经审查拟认定仲裁协议不成立、无效、失效、内容不明确无法执行的，须按照本规定第二条的规定逐级报核，待上级人民法院审核后，方可依上级人民法院的审核意见作出裁定。

第八条 本规定自2018年1月1日起施行，本院以前发布的司法解释与本规定不一致的，以本规定为准。

正确审理仲裁司法审查案件
促进仲裁健康发展

——最高人民法院民四庭负责人就《最高人民法院关于仲裁司法审查案件报核问题的有关规定》《最高人民法院关于审理仲裁司法审查案件若干问题的规定》答记者问

2017年12月26日，最高人民法院公布了《最高人民法院关于仲裁司法审查案件报核问题的有关规定》（以下简称报核问题司法解释）和《最高人民法院关于审理仲裁司法审查案件若干问题的规定》（以下简称仲裁司法审查司法解释），最高人民法院民四庭负责人接受了记者采访，就有关问题回答了记者提问。

记者：报核问题司法解释和仲裁司法审查司法解释均定于2018年1月1日起正式施行，请问这两项司法解释的起草背景和积极意义是什么？

负责人：党的十八届四中全会决定明确指出，要健全和完善多元化纠纷解决机制，完善仲裁制度，提高仲裁公信力。仲裁自身的特点决定了其健康有序发展必须依赖于司法的监督与支持。2016年6月最高人民法院发布了《关于人民法院进一步深化多元化纠纷解决机制改革的意见》，要求加强与仲裁机构的对接，积极支持仲裁制度改革。为适应仲裁制度发展的需要，有效解决出现的新情况和新问题，我们在充分调研的基础上，通过制定司法解释，对相关问题加以规范，以正确审理仲裁司法审查案件，促进仲裁事业的健康有序发展。

制定此两项司法解释的积极意义在于，根据《中华人民共和国民事诉讼法》（以下简称民事诉讼法）、《中华人民共和国仲裁法》等相关法律规定，结合当前人民法院审理仲裁司法审查案件的实际需要，进一步明确仲裁司法审查案件中的法律适用问题，切实有效地规范案件审查的程序，为人民法院充分发挥司法职能作用，健全和完善我国的多元化纠纷解决机制，提供法律支撑。

记者：与原内请制度相比，报核问题司法解释有哪些突出特点?

负责人：首先，用司法解释的形式确立仲裁司法审查案件的报核制度，比原内部通知文件方式赋予了这项制度更高的法律效力。

其次，明确了最高人民法院或者高级人民法院的审核权，有利于从根本上保证案件裁判尺度的统一和法律适用的正确性。

再次，平等对待国内案件和涉外案件，统一适用相关规定，符合对国际、国内仲裁司法审查案件统一归口管理的趋势。

最后，在原内请制度的基础上，明确细化了操作程序、上下级法院的职能等内容，使得该制度更透明、规范。

记者：报核问题司法解释第一条对仲裁司法审查案件类型进行了明确，所有仲裁司法审查案件均适用该规定，请问主要的考虑是什么?

负责人：原内请制度只适用于涉外涉港澳台仲裁司法审查案件，在非涉外涉港澳台仲裁司法审查案件方面一直未能建立起行之有效的管理和指导监督制度。将所有仲裁司法审查案件纳入核准制度的范畴，主要基于以下考虑：

第一，该项制度的建立，可以有效避免申请撤销或者不予执行非涉外涉港澳台仲裁裁决案件错案的发生。

第二，仲裁司法审查案件的其中一个特点就是一审终审，根据现行法律规定，当事人不享有上诉、复议以及申请再审的权利，检察机关对此也不予抗诉。一旦出现错案，当事人缺乏有效的救济手段，因此对于仲裁司法审查案件的审理必须慎重。我们在调研中也发现，一些人民法院审理的非涉外涉港澳台仲裁司法审查案件，在法律适用上存在错误。错案的出现，既不利于依法保护当事人的合法权益，对人民法院的司法公信力也会带来负面影响，更不利于仲裁事业的健康有序发展。从另一个角度讲，认定仲裁协议无效或者撤销、不予执行仲裁裁决后，通常当事人只能再向人民法院提起诉讼解决纠纷，这样客观上又造成人民法院收案量的增加，同时加重了当事人的诉累。

第三，将所有仲裁司法审查案件不再区分是否为涉外案件或者非涉外案件，统一加以规范，有利于平等保护各方当事人的合法权益。

记者：报核问题司法解释对仲裁司法审查案件的审核权作了哪些具体规定?

负责人：对于仲裁司法审查案件的审核权，我们在考虑实践中具体案件的数量和各级人民法院审判力量的基础上，对涉外涉港澳台案件进行了不同规定。其中，对于涉外涉港澳台仲裁司法审查案件仍然秉承原内请制度确定的原则，规定报最高人民法院审核。而对于非涉外涉港澳台案件，则规定报高级人民法院审核，但是如果此类案件存在当事人住所地跨省级行政区域的，或者以违背社会公共利益由不予执行或者撤销仲裁裁决的情形的，则应报最高人民法院审核，以平等保护当事人、慎重适用公共利益原则。

记者：仲裁司法审查司法解释对涉及关联案件的申请承认外国仲裁裁决案件管辖进行了规定，请问该如何理解？

负责人：实践中有的外国仲裁裁决，被申请人住所地、财产所在地均不在我国境内，但基于审理关联案件的需要，申请人可能需要我国法院承认外国仲裁裁决而并非具体执行仲裁裁决。针对此种情形，仲裁司法审查司法解释规定申请人申请承认外国仲裁裁决的，由受理关联案件的人民法院管辖或者仲裁机构所在地的中级人民法院管辖。除此之外，由于此类案件应当由中级人民法院受理，所以该司法解释进一步规定了如果受理关联案件的人民法院为基层人民法院，则申请承认外国仲裁裁决的案件应当由该基层人民法院的上一级人民法院管辖。受理关联案件的人民法院如果是高级人民法院或者最高人民法院，由上述法院决定自行审查或者指定中级人民法院审查。

记者：仲裁司法审查司法解释赋予了当事人对不予受理的裁定可以上诉的权利，此项规定的意义是什么？

负责人：赋予当事人对不予受理的裁定可以上诉的权利主要是出于统一规范标准，平等保护当事人合法权益方面的考虑。首先，民事诉讼法第一百五十四条规定不予受理的裁定可以上诉，虽然仲裁司法审查案件的审查程序不同于普通程序，但就是否受理的裁定而言，应与普通程序给予同等对待。其次，2015 年 7 月 1 日起施行的《最高人民法院关于认可和执行台湾地区仲裁裁决的规定》第八条明确规定，对于不予受理的裁定，当事人可以提起上诉。为避免出现相同案件不同处理的问题，我们在仲裁司法审查司法解释也作出了如此规定。

记者：仲裁司法审查司法解释规定立案后发现不符合受理条件，法院应裁定驳回申请，请问该如何理解？

负责人：该条规定参照《最高人民法院关于适用〈中华人民共和国民事

诉讼法〉的解释》（以下简称民事诉讼法司法解释）第二百零八条、第二百一十二条关于普通程序的相关内容，规定对于仲裁司法审查案件，人民法院立案后发现不符合受理条件的，裁定驳回申请，裁定驳回申请的案件，申请人再次申请并符合受理条件的，人民法院应予受理。同时明确对于驳回申请的裁定，当事人可以提起上诉。

记者：仲裁司法审查司法解释对管辖权异议进行了规定，请问该如何理解？

负责人：规定当事人可以提出管辖权异议，主要是考虑既然对于仲裁司法审查案件的管辖法院，法律、司法解释均作出了明确规定，因此也应当允许当事人对此类案件提出管辖权异议。对于管辖权异议裁定不服的，当事人也可以提起上诉。

记者：仲裁司法审查司法解释中关于适用仲裁机构所在地的法律与适用仲裁地的法律将对仲裁协议的效力作出不同认定的，人民法院应当适用确认仲裁协议有效的法律的规定，应如何理解？

负责人：该规定是对准确适用《中华人民共和国涉外民事关系法律适用法》第十八条作出的规定。该条规定将确认涉外仲裁协议效力的准据法区分为两个层次，在第二个层次中又规定了仲裁机构所在地法律或者仲裁地法律两个并列选项。从支持仲裁的原则出发，在适用仲裁机构所在地法律与适用仲裁地法律对仲裁协议效力产生不同认定的情况下，我们在《中华人民共和国涉外民事关系法律适用法》第十八条规定的基础上，进一步明确应当适用确认仲裁协议有效的法律作为准据法。

记者：仲裁司法审查司法解释第十七条明确了申请执行国内仲裁裁决和涉外仲裁裁决的法律适用问题，应如何准确理解？

负责人：该规定是对准确适用民事诉讼法第二百三十七条、第二百七十四条作出的规定。民事诉讼法第二百三十七条主要是规范国内仲裁裁决的执行问题，而第二百七十四条则主要是规范涉外仲裁裁决的执行问题。其中，民事诉讼法第二百七十四条的内容在1991年公布施行的民事诉讼法中即存在，除序号调整外，其内容未作修改。1991年民事诉讼法公布施行时《中华人民共和国仲裁法》尚未出台，当时的涉外仲裁机构主要是中国国际经济贸易仲裁委员会和中国海事仲裁委员会，该两家仲裁机构仅受理涉外仲裁案件，故民事诉讼法第二百七十四条表述为“对中华人民共和国涉外仲裁机构作出的裁决，被申请人提出证据证明仲裁裁决有下列情形之一的，经人民法院组成合议庭审查核实，裁定不予执行”，该条实质是对涉外仲裁裁决不应执行的情形作出的规定，而对于非涉外仲裁裁决执行的问题规定在民事诉讼法第二百三十七条。1995 年《中华人民共和国仲裁法》颁布施行后，国务院办公厅于 1996 年 6 月 8 日发布了《关于贯彻实施〈中华人民共和国仲裁法〉需要明确的几个问题的通知》（国办发〔1996〕22 号）。根据该通知，我国内地的仲裁机构均可以受理涉外和国内仲裁案件，即不再存在国内仲裁机构和涉外仲裁机构的区分。由于涉外仲裁裁决和国内仲裁裁决执行问题的审查需要适用不同的法律规定，为避免对民事诉讼法相关条款的表述引起歧义，需要通过司法解释的形式对该问题加以明确，即人民法院对申请执行我国内地仲裁机构作出的非涉外仲裁裁决案件的审查，适用民事诉讼法第二百三十七条的规定；人民法院对申请执行我国内地仲裁机构作出的涉外仲裁裁决案件的审查，适用民事诉讼法第二百七十四条的规定。

来源：最高人民法院网站

最高人民法院
关于认真贯彻实施民事诉讼法及相关司法解释有关规定的通知

2017 年 12 月 29 日　　　　法〔2017〕369 号

各省、自治区、直辖市高级人民法院，解放军军事法院，新疆维吾尔自治区高级人民法院生产建设兵团分院：

为进一步规范民事诉讼活动，保障当事人合法权益，切实提升民事审判和执行工作水平，现就正确理解和适用《最高人民法院关于适用〈中华人民共和国民事诉讼法〉的解释》（以下简称《民诉法解释》）有关规定通知如下：

一、在审理案件中，应当依法审慎适用拘传措施。对必须到庭的被告，人民法院适用拘传的，应当符合民事诉讼法第一百零九条和《民诉法解释》第一百七十四条规定，限于负有赡养、抚育、扶养义务或者是不到庭就无法查清案情的被告。有独立请求权的第三人参加的民事诉讼、被告提出反诉的诉讼，本诉原告相对于有独立请求权的第三人、反诉人处于被告地位，可以依照上述法律和司法解释规定适用拘传。

对于原告经传票传唤无正当理由拒不到庭或者未经法庭许可中途退庭的，应当依照民事诉讼法第一百四十三条规定按撤诉处理。依照民事诉讼法第一百四十五条、《民诉法解释》第二百三十八条规定，当事人有违反法律的行为需要依法处理，人民法院裁定不准撤诉或者不按撤诉处理的案件，原告经传票传唤无正当理由拒不到庭的，应当依照民事诉讼法第一百四十五条第二款规定缺席判决。属于民事诉讼法第一百一十二条规定的虚假诉讼或者第五十五条规定的公益诉讼案件，对不到庭就无法查明案件基本事实的原告，可以依照《民诉法解释》第一百七十四条第二款规定适用拘传。

对当事人适用拘传的，应当严格依照《民诉法解释》第一百七十五条规定的程序进行。

二、在执行程序中适用《民诉法解释》第四百八十四条采取拘传措施的，应当严格遵守法定的条件与程序。拘传措施对于查明被执行财产、调查案件事实具有重要意义，同时也会严重影响被拘传人的人身自由。执行法院在采取拘传措施前必须经过依法传唤，对于无正当理由拒不到场的被执行人、被执行人的法定代表人、负责人或者实际控制人，应进行说服教育，经说服教育后仍拒不到场的，才能采取拘传措施。

对于已经控制被执行人的财产且财产权属清晰、没有必要调查询问的被执行人、被执行人的法定代表人、负责人或者实际控制人，不宜采取拘传措施。采取拘传措施必须严格遵守法定的时间期限，不能以连续拘传的形式变相羁押被拘传人。

三、被执行人的债权作为其财产的重要组成部分，是其债务的一般担保，不能豁免执行。但是执行到期债权涉及次债务人的权利保护，法律关系较为复杂，在执行程序中适用《民诉法解释》第五百零一条时，应当严格遵守法定条件与程序，兼顾相关各方主体的权利保护。

在对到期债权的执行中，应当依法保护次债务人的利益，对于次债务人在法定期限内提出异议的，除到期债权系经生效法律文书确定的外，人民法院对提出的异议不予审查，即应停止对次债务人的执行，债权人可以另行提起代位权诉讼主张权利。对于其他利害关系人提出的异议符合民事诉讼法第二百二十七条规定的，人民法院应当按照相应程序予以处理。

被执行人有银行存款或者其他能够执行的财产的，人民法院原则上应优先予以执行；对于被执行人未到期的债权，在到期之前，只能冻结，不能责令次债务人履行。

四、在适用民事诉讼法及相关司法解释过程中，发现有新的问题的，应当及时层报我院。

最高人民法院

关于明确第一审涉外民商事案件级别管辖标准以及归口办理有关问题的通知

2017 年 12 月 7 日　　　　法〔2017〕359 号

各省、自治区、直辖市高级人民法院、解放军军事法院、新疆维吾尔自治区高级人民法院生产建设兵团分院：

为合理定位四级法院涉外民商事审判职能，统一裁判尺度，维护当事人的合法权益，保障开放型经济的发展，现就第一审涉外民商事案件级别管辖标准以及归口办理的有关问题，通知如下：

一、关于第一审涉外民商事案件的级别管辖标准。

北京、上海、江苏、浙江、广东高级人民法院管辖诉讼标的额人民币 2 亿元以上的第一审涉外民商事案件；直辖市中级人民法院以及省会城市、计划单列市、经济特区所在地的市中级人民法院管辖诉讼标的额人民币2000万元以上的第一审涉外民商事案件，其他中级人民法院管辖诉讼标的额人民币1000万元以上的第一审涉外民商事案件。

天津、河北、山西、内蒙古、辽宁、安徽、福建、山东、河南、湖北、湖南、广西、海南、四川、重庆高级人民法院管辖诉讼标的额人民币8000万元以上的第一审涉外民商事案件；直辖市中级人民法院以及省会城市、计划单列市、经济特区所在地的市中级人民法院管辖诉讼标的额人民币1000万元以上的第一审涉外民商事案件，其他中级人民法院管辖诉讼标的额人民币500万元以上的第一审涉外民商事案件。

吉林、黑龙江、江西、云南、陕西、新疆高级人民法院和新疆生产建设兵团分院管辖诉讼标的额人民币4000万元以上的第一审涉外民商事案件；省会城市、计划单列市中级人民法院，管辖诉讼标的额人民币500万元以上的第一审涉外民商事案件，其他中级人民法院管辖诉讼标的额人民币200万元以上的第一审涉外民商事案件。

贵州、西藏、甘肃、青海、宁夏高级人民法院管辖诉讼标的额人民币2000万元以上的第一审涉外民商事案件；省会城市、计划单列市中级人民法院，管辖诉讼标的额人民币200万元以上的第一审涉外民商事案件，其他中级人民法院管辖诉讼标的额人民币100万元以上的第一审涉外民商事案件。

各高级人民法院发布的本辖区级别管辖标准，除于2011年1月后经我院批复同意的外，不再作为确定第一审涉外民商事案件级别管辖的依据。

二、下列案件由涉外审判庭或专门合议庭审理：

（一）当事人一方或者双方是外国人、无国籍人、外国企业或者组织，或者当事人一方或者双方的经常居所地在中华人民共和国领域外的民商事案件；

（二）产生、变更或者消灭民事关系的法律事实发生在中华人民共和国领域外，或者标的物在中华人民共和国领域外的民商事案件；

（三）外商投资企业设立、出资、确认股东资格、分配利润、合并、分立、解散等与该企业有关的民商事案件；

（四）一方当事人为外商独资企业的民商事案件；

（五）信用证、保函纠纷案件，包括申请止付保全案件；

（六）对第一项至第五项案件的管辖权异议裁定提起上诉的案件；

（七）对第一项至第五项案件的生效裁判申请再审的案件，但当事人依法向原审人民法院申请再审的除外；

（八）跨境破产协助案件；

（九）民商事司法协助案件；

（十）最高人民法院《关于仲裁司法审查案件归口办理有关问题的通知》确定的仲裁司法审查案件。

前款规定的民商事案件不包括婚姻家庭纠纷、继承纠纷、劳动争议、人事争议、环境污染侵权纠纷及环境公益诉讼。

三、海事海商及知识产权纠纷案件，不适用本通知。

四、涉及香港、澳门特别行政区和台湾地区的民商事案件参照适用本通知。

五、本通知自 2018 年 1 月 1 日起执行。之前已经受理的案件不适用本通知。

本通知执行过程中遇到的问题，请及时报告我院。

[部门规章、部门规章性文件与解读]

中国银监会

商业银行委托贷款管理办法

2018 年 1 月 5 日　　银监发〔2018〕2 号

第一章　总　则

第一条　为规范商业银行委托贷款业务经营，加强委托贷款业务管理，促进委托贷款业务健康发展，根据《中华人民共和国银行业监督管理法》《中华人民共和国商业银行法》等法律法规，制定本办法。

第二条　中华人民共和国境内依法设立的商业银行办理委托贷款业务应遵守本办法。

第三条　本办法所称委托贷款，是指委托人提供资金，由商业银行（受托人）根据委托人确定的借款人、用途、金额、币种、期限、利率等代为发放、协助监督使用、协助收回的贷款，不包括现金管理项下委托贷款和住房公积金项下委托贷款。

委托人是指提供委托贷款资金的法人、非法人组织、个体工商户和具有完全民事行为能力的自然人。

现金管理项下委托贷款是指商业银行在现金管理服务中，受企业集团客户委托，以委托贷款的形式，为客户提供的企业集团内部独立法人之间的资金归集和划拨业务。

住房公积金项下委托贷款是指商业银行受各地住房公积金管理中心委托，

以住房公积金为资金来源，代为发放的个人住房消费贷款和保障性住房建设项目贷款。

第四条 委托贷款业务是商业银行的委托代理业务。商业银行依据本办法规定，与委托贷款业务相关主体通过合同约定各方权利义务，履行相应职责，收取代理手续费，不承担信用风险。

第五条 商业银行办理委托贷款业务，应当遵循依法合规、平等自愿、责利匹配、审慎经营的原则。

第二章 业务管理

第六条 商业银行应依据本办法制定委托贷款业务管理制度，合理确定部门、岗位职责分工，明确委托人范围、资质和准入条件，以及委托贷款业务流程和风险控制措施等，并定期评估，及时改进。

第七条 商业银行受理委托贷款业务申请，应具备以下前提：

（一）委托人与借款人就委托贷款条件达成一致。

（二）委托人或借款人为非自然人的，应出具其有权机构同意办理委托贷款业务的决议、文件或具有同等法律效力的证明。

商业银行不得接受委托人为金融资产管理公司和经营贷款业务机构的委托贷款业务申请。

第八条 商业银行受托办理委托贷款业务，应要求委托人承担以下职责，并在合同中作出明确约定。

（一）自行确定委托贷款的借款人，并对借款人资质、贷款项目、担保人资质、抵质押物等进行审查。

（二）确保委托资金来源合法合规且委托人有权自主支配，并按合同约定及时向商业银行提供委托资金。

（三）监督借款人按照合同约定使用贷款资金，确保贷款用途合法合规，并承担借款人的信用风险。

第九条 商业银行审查委托人资金来源时，应要求委托人提供证明其资金来源合法合规的相关文件或具有同等法律效力的相关证明，对委托人的财务报表、信用记录等进行必要的审核，重点加强对以下内容的审查和测算：

（一）委托人的委托资金是否超过其正常收入来源和资金实力。

（二）委托人在银行有授信余额的，商业银行应合理测算委托人自有资金，并将测算情况作为发放委托贷款的重要依据。

第十条 商业银行不得接受委托人下述资金发放委托贷款：

（一）受托管理的他人资金。

（二）银行的授信资金。

（三）具有特定用途的各类专项基金（国务院有关部门另有规定的除外）。

（四）其他债务性资金（国务院有关部门另有规定的除外）。

（五）无法证明来源的资金。

企业集团发行债券筹集并用于集团内部的资金，不受本条规定限制。

第十一条 商业银行受托发放的贷款应有明确用途，资金用途应符合法律法规、国家宏观调控和产业政策。资金用途不得为以下方面：

（一）生产、经营或投资国家禁止的领域和用途。

（二）从事债券、期货、金融衍生品、资产管理产品等投资。

（三）作为注册资本金、注册验资。

（四）用于股本权益性投资或增资扩股（监管部门另有规定的除外）。

（五）其他违反监管规定的用途。

第十二条 商业银行应按照“谁委托谁付费”的原则向委托人收取代理手续费。

第十三条 商业银行与委托人、借款人就委托贷款事项达成一致后，三方应签订委托贷款借款合同。合同中应载明贷款用途、金额、币种、期限、利率、还款计划等内容，并明确委托人、受托人、借款人三方的权利和义务。

第十四条 委托贷款采取担保方式的，委托人和担保人应就担保形式和担保人（物）达成一致，并签订委托贷款担保合同。

第十五条 商业银行应要求委托人开立专用于委托贷款的账户。委托人应在委托贷款发放前将委托资金划入该账户，商业银行按合同约定方式发放委托贷款。商业银行不得串用不同委托人的资金。

第十六条 商业银行应同委托人、借款人在委托贷款借款合同中明确协助监督使用的主要内容和具体措施，并按合同约定履行相应职责。

第十七条 商业银行应按照委托贷款借款合同约定，协助收回委托贷款本息，并及时划付到委托人账户。对于本息未能及时到账的，应及时告知委托人。

第十八条 委托贷款到期后，商业银行应根据委托贷款借款合同约定或委托人的书面通知，终止履行受托人的责任和义务，并进行相应账务处理；委托贷款到期后未还款的，商业银行应根据委托贷款借款合同约定，为委托人依法维权提供协助。

第三章 风险管理

第十九条 商业银行应严格隔离委托贷款业务与自营业务的风险，严禁以下行为：

（一）代委托人确定借款人。

（二）参与委托人的贷款决策。

（三）代委托人垫付资金发放委托贷款。

（四）代借款人确定担保人。

（五）代借款人垫付资金归还委托贷款，或者用信贷、理财资金直接或间接承接委托贷款。

（六）为委托贷款提供各种形式的担保。

（七）签订改变委托贷款业务性质的其他合同或协议。

（八）其他代为承担风险的行为。

第二十条 商业银行应对委托贷款业务与自营贷款业务实行分账核算，严格按照会计核算制度要求记录委托贷款业务，同时反映委托贷款和委托资金，二者不得轧差后反映，确保委托贷款业务核算真实、准确、完整。

第二十一条 委托贷款的借款人是商业银行存量授信客户的，商业银行应综合考虑借款人取得委托贷款后，信用风险敞口扩大对本行授信业务带来的风险影响，并采取相应风险管控措施。

第二十二条 商业银行应对委托贷款业务实行分级授权管理，商业银行分支机构不得未经授权或超授权办理委托贷款业务。

第二十三条 商业银行应制定统一制式的委托贷款借款合同。因业务需要使用非统一制式合同的，须经总行审查同意。

第二十四条 商业银行应建立健全委托贷款管理信息系统，登记资金来源、投向、期限、利率以及委托人和借款人等相关信息，确保该项业务信息完整、连续、准确和可追溯。

商业银行应及时、完整地在征信系统登记委托贷款相关信息。

第二十五条 商业银行应按照监管要求建立委托贷款业务统计制度，做好委托贷款业务的分类统计、汇总分析和数据报送。

第二十六条 商业银行应定期分析委托贷款业务风险，并组织开展业务检查。

第四章 监督管理

第二十七条 中国银监会按照本办法对商业银行委托贷款业务实施监督管理。

第二十八条 商业银行违反本办法办理委托贷款业务的，由银监会或其派出机构责令限期改正。逾期未改正，或其行为严重危及商业银行稳健运行、损害客户合法权益的，银监会或其派出机构可根据《中华人民共和国银行业监督管理法》第三十七条的规定采取相应的监管措施；严重违反本办法的，可根据《中华人民共和国银行业监督管理法》第四十六条的规定实施行政处罚。

第二十九条 商业银行发放委托贷款后，应严格按照相关监管统计制度要求，准确报送委托贷款明细信息。

第三十条 商业银行违反本办法第二十九条规定，未及时、准确向监管部门报送委托贷款业务信息的，由银监会或其派出机构责令限期改正。逾期未改正的，银监会或其派出机构可根据《中华人民共和国银行业监督管理法》第四十七条的规定实施行政处罚。

第五章 附 则

第三十一条 银监会依法批准设立的具有贷款业务资格的其他金融机构办理委托贷款业务适用本办法。

第三十二条 本办法由银监会负责解释。

银监会有关部门负责人就《商业银行委托贷款管理办法》答记者问

为规范商业银行委托贷款业务，防范相关金融风险，更好地服务实体经济，近日，银监会有关部门负责人就《商业银行委托贷款管理办法》（以下简称《办法》）的制定出台回答了记者提问。

一、《办法》制定的背景是什么？

答：近年来，商业银行委托贷款业务发展较快，对服务实体经济发展发挥了积极作用，但由于缺乏统一的制度规范，也存在一定风险隐患。对此，银监会高度重视，按照回归本源、规范发展的总体思路，制定了《办法》。

二、《办法》的主要内容是什么？

答：《办法》共32条，主要包括五方面内容：一是明确委托贷款的业务定位和各方当事人职责。《办法》明确委托贷款业务是商业银行的委托代理业务，商业银行作为受托人，按照权责利匹配原则提供服务，委托人承担委托贷款的信用风险。二是规范委托贷款的资金来源。《办法》要求商业银行对委托资金来源合法性进行必要的审查，且明确了不得用于发放委托贷款的资金类型。三是规范委托贷款的资金用途。《办法》体现了金融服务实体经济的要求，明确委托资金用途应符合有关规定，并对资金用途进行了限定。四是要求商业银行加强委托贷款风险管理。《办法》要求商业银行将委托贷款业务与自营业务严格区分，加强风险隔离和业务管理。五是加强委托贷款业务的监管。《办法》明确，银监会或其派出机构将对违规办理委托贷款业务的商业银行依法采取相应监管措施或实施处罚。

三、《办法》制定的目的和作用？

答：一是弥补监管短板。目前没有专门制度对委托贷款业务进行全面、系统的规范，《办法》出台填补了委托贷款监管制度空白，为商业银行办理委托贷款业务提供了制度依据。二是加强风险管理。《办法》要求商业银行完善委托贷款业务内部管理制度和流程，严格风险控制措施，不得超越受托人职责开展业务，同时强化了相关监管要求。三是服务实体经济。《办法》要求委托贷款资金用途应符合国家宏观调控和产业政策，有利于促进业务健康发展，防止资金脱实向虚，从而更好地发挥服务实体经济的作用。

来源：银监会网站

国家税务总局

增值税一般纳税人登记管理办法

（2017 年 11 月 30 日国家税务总局 2017 年度第 2 次局务会议审议通过
2017 年 12 月 29 日国家税务总局令第 43 号公布
自 2018 年 2 月 1 日起施行）

第一条 为了做好增值税一般纳税人（以下简称“一般纳税人”）登记管理，根据《中华人民共和国增值税暂行条例》及其实施细则有关规定，制定本办法。

第二条 增值税纳税人（以下简称“纳税人”），年应税销售额超过财政部、国家税务总局规定的小规模纳税人标准（以下简称“规定标准”）的，除本办法第四条规定外，应当向主管税务机关办理一般纳税人登记。

本办法所称年应税销售额，是指纳税人在连续不超过 12 个月或四个季度的经营期内累计应征增值税销售额，包括纳税申报销售额、稽查查补销售额、纳税评估调整销售额。

销售服务、无形资产或者不动产（以下简称“应税行为”）有扣除项目的纳税人，其应税行为年应税销售额按未扣除之前的销售额计算。纳税人偶然发生的销售无形资产、转让不动产的销售额，不计入应税行为年应税销售额。

第三条 年应税销售额未超过规定标准的纳税人，会计核算健全，能够提供准确税务资料的，可以向主管税务机关办理一般纳税人登记。

本办法所称会计核算健全，是指能够按照国家统一的会计制度规定设置账簿，根据合法、有效凭证进行核算。

第四条 下列纳税人不办理一般纳税人登记：

（一）按照政策规定，选择按照小规模纳税人纳税的；

（二）年应税销售额超过规定标准的其他个人。

第五条 纳税人应当向其机构所在地主管税务机关办理一般纳税人登记手续。

第六条 纳税人办理一般纳税人登记的程序如下：

（一）纳税人向主管税务机关填报《增值税一般纳税人登记表》（附件1），如实填写固定生产经营场所等信息，并提供税务登记证件；

（二）纳税人填报内容与税务登记信息一致的，主管税务机关当场登记；

（三）纳税人填报内容与税务登记信息不一致，或者不符合填列要求的，税务机关应当场告知纳税人需要补正的内容。

第七条 年应税销售额超过规定标准的纳税人符合本办法第四条第一项规定的，应当向主管税务机关提交书面说明（附件2）。

第八条 纳税人在年应税销售额超过规定标准的月份（或季度）的所属申报期结束后15日内按照本办法第六条或者第七条的规定办理相关手续；未按规定时限办理的，主管税务机关应当在规定时限结束后5日内制作《税务事项通知书》，告知纳税人应当在5日内向主管税务机关办理相关手续；逾期仍不办理的，次月起按销售额依照增值税税率计算应纳税额，不得抵扣进项税额，直至纳税人办理相关手续为止。

第九条 纳税人自一般纳税人生效之日起，按照增值税一般计税方法计算应纳税额，并可以按照规定领用增值税专用发票，财政部、国家税务总局另有规定的除外。

本办法所称的生效之日，是指纳税人办理登记的当月1日或者次月1日，由纳税人在办理登记手续时自行选择。

第十条 纳税人登记为一般纳税人后，不得转为小规模纳税人，国家税务总局另有规定的除外。

第十一条 主管税务机关应当加强对税收风险的管理。对税收遵从度低的一般纳税人，主管税务机关可以实行纳税辅导期管理，具体办法由国家税务总局另行制定。

第十二条　本办法自2018年2月1日起施行，《增值税一般纳税人资格认定管理办法》（国家税务总局令第22号公布）同时废止。

附件：1. 增值税一般纳税人登记表（略）
2. 选择按小规模纳税人纳税的情况说明（略）

解读——《增值税一般纳税人登记管理办法》

为深入贯彻落实国务院“放管服”改革有关要求，进一步优化纳税服务，规范增值税一般纳税人管理，税务总局制定公布《增值税一般纳税人登记管理办法》（以下简称《办法》），现就《办法》有关内容解读如下。

一、相关背景

为积极推进“放管服”改革，2015年2月，国务院印发了《关于取消和调整一批行政审批项目等事项的决定》（国发〔2015〕11号），“增值税一般纳税人资格认定”被列入取消的行政审批事项。为及时贯彻落实国务院决定，税务总局制发了《国家税务总局关于调整增值税一般纳税人管理有关事项的公告》（国家税务总局公告2015年第18号），明确自2015年4月1日起将一般纳税人管理由审批制改为登记制，同时，暂停执行了《增值税一般纳税人认定管理办法》（国家税务总局令第22号公布，以下简称22号令）的部分条款。2016年2月、2017年11月，国务院先后颁布相关决定，两次对《中华人民共和国增值税暂行条例》进行了修订，内容包括将第十三条原条款中关于“认定”的表述，修改为“登记”。为进一步贯彻落实国务院“放管服”改革要求，税务总局对22号令作出修订，制定了本《办法》。

二、主要变化

相比22号令，《办法》在内容上主要有以下变化。

（一）取消行政审批。《办法》中取消了税务机关审批环节，将审批制改为登记制，主管税务机关在对纳税人递交的登记资料信息进行核对确认后，纳税人即可成为一般纳税人。

（二）简化办事程序。一是简化了办理登记所需的资料，由原来的六项减少为两项，纳税人只需携带税务登记证件、填写登记表格，就可以办理一般纳税人登记事项。二是简化税务机关办事流程，取消了实地核实环节，对符合登记要求的，一般予以当场办结。

（三）适应税制改革。随着营改增的全面深入推进，销售服务、无形资产和不动产已全部纳入增值税应税范围，试点纳税人与原增值税纳税人在销售额标准、可不登记范围等方面存在政策差异，因此《办法》中涉及到政策差异的条款内容未列举明细规定，以“财政部、国家税务总局规定”“按照政策规定”概括。

三、主要内容

（一）完善年应税销售额的定义。一是完善了年应税销售额属期范围。为进一步优化服务，减少纳税人办税次数，税务总局决定自 2016 年 4 月 1 日起，增值税小规模纳税人缴纳增值税原则上实行按季申报，为使年应税销售额的计算属期与按季申报相适应，《办法》补充了按季计算年应税销售额的内容。二是明确了全面推开营改增后，计算年应税销售额的特殊规定。《办法》中规定，销售服务、无形资产或者不动产（以下简称应税行为）有扣除项目的纳税人，其应税行为年应税销售额按未扣除之前的销售额计算。纳税人偶然发生的销售无形资产、转让不动产的销售额，不计入应税行为年应税销售额。

（二）明确不办理一般纳税人登记的纳税人范围。《办法》中明确不办理一般纳税人登记的纳税人范围是：“按照政策规定，选择按照小规模纳税人纳税的；年应税销售额超过规定标准的其他个人。”其中，选择按照小规模纳税人纳税的政策依据有两个，一是根据《中华人民共和国增值税暂行条例实施细则》第二十九条规定，非企业性单位、不经常发生应税行为的企业可选择按照小规模纳税人纳税；二是根据《营业税改征增值税试点实施办法》（财税〔2016〕36 号文件印发）第三条规定，年应税销售额超过规定标准但不经常发生应税行为的单位和个体工商户可选择按照小规模纳税人纳税。

（三）明确办理一般纳税人登记的程序。主管税务机关在受理纳税人登记资料后，受理人员将《增值税一般纳税人登记表》信息与征管系统中的税务登记信息进行比对，如果信息一致，视为符合填列要求的，当场登记。如果信息不一致或填报内容不齐全视为不符合填列要求，应当场告知纳税人根据实际经营情况变更税务登记信息或重新填写《增值税一般纳税人登记表》。告知方式为书面告知或口头告知。

（四）明确年应税销售额超过规定标准的纳税人，办理有关手续的时限及相关管理要求。《办法》中规定，纳税人在年应税销售额超过规定标准的月份（或季度）的所属申报期结束后15日内按照规定办理相关手续；未按规定时限办理的，主管税务机关应当在规定期限结束后5日内制作《税务事项通知书》，告知纳税人应当在5日内向主管税务机关办理相关手续；逾期仍不办理的，次月起按销售额依照增值税税率计算应纳税额，不得抵扣进项税额，直至纳税人办理相关手续为止。

（五）明确一般纳税人生效之日可由纳税人自行选择。相比22号令，《办法》中规定，一般纳税人生效之日，是指纳税人办理登记的当月1日或者次月1日，由纳税人在办理登记手续时自行选择。

来源：国家税务总局网站

国家发展和改革委员会
企业境外投资管理办法

（国家发展和改革委员会主任办公会议审议通过　2017年12月26日国家发展和改革委员会令第11号公布　自2018年3月1日起施行）

第一章　总　则

第一条　为加强境外投资宏观指导，优化境外投资综合服务，完善境外投资全程监管，促进境外投资持续健康发展，维护我国国家利益和国家安全，根据《中华人民共和国行政许可法》《国务院关于投资体制改革的决定》《国务院对确需保留的行政审批项目设定行政许可的决定》等法律法规，制定本办法。

第二条 本办法所称境外投资，是指中华人民共和国境内企业（以下称“投资主体”）直接或通过其控制的境外企业，以投入资产、权益或提供融资、担保等方式，获得境外所有权、控制权、经营管理权及其他相关权益的投资活动。

前款所称投资活动，主要包括但不限于下列情形：

（一）获得境外土地所有权、使用权等权益；

（二）获得境外自然资源勘探、开发特许权等权益；

（三）获得境外基础设施所有权、经营管理权等权益；

（四）获得境外企业或资产所有权、经营管理权等权益；

（五）新建或改扩建境外固定资产；

（六）新建境外企业或向既有境外企业增加投资；

（七）新设或参股境外股权投资基金；

（八）通过协议、信托等方式控制境外企业或资产。

本办法所称企业，包括各种类型的非金融企业和金融企业。

本办法所称控制，是指直接或间接拥有企业半数以上表决权，或虽不拥有半数以上表决权，但能够支配企业的经营、财务、人事、技术等重要事项。

第三条 投资主体依法享有境外投资自主权，自主决策、自担风险。

第四条 投资主体开展境外投资，应当履行境外投资项目（以下称“项目”）核准、备案等手续，报告有关信息，配合监督检查。

第五条 投资主体开展境外投资，不得违反我国法律法规，不得威胁或损害我国国家利益和国家安全。

第六条 国家发展和改革委员会（以下称“国家发展改革委”）在国务院规定的职责范围内，履行境外投资主管部门职责，根据维护我国国家利益和国家安全的需要，对境外投资进行宏观指导、综合服务和全程监管。

第七条 国家发展改革委建立境外投资管理和服务网络系统（以下称“网络系统”）。投资主体可以通过网络系统履行核准和备案手续、报告有关信息；涉及国家秘密或不适宜使用网络系统的事项，投资主体可以另行使用纸质材料提交。网络系统操作指南由国家发展改革委发布。

第二章 境外投资指导和服务

第八条 投资主体可以就境外投资向国家发展改革委咨询政策和信息、反映情况和问题、提出意见和建议。

第九条 国家发展改革委在国务院规定的职责范围内，会同有关部门根据国民经济和社会发展需要制定完善相关领域专项规划及产业政策，为投资主体开展境外投资提供宏观指导。

第十条 国家发展改革委在国务院规定的职责范围内，会同有关部门加强国际投资形势分析，发布境外投资有关数据、情况等信息，为投资主体提供信息服务。

第十一条 国家发展改革委在国务院规定的职责范围内，会同有关部门参与国际投资规则制定，建立健全投资合作机制，加强政策交流和协调，推动有关国家和地区为我国企业开展投资提供公平环境。

第十二条 国家发展改革委在国务院规定的职责范围内，推动海外利益安全保护体系和能力建设，指导投资主体防范和应对重大风险，维护我国企业合法权益。

第三章 境外投资项目核准和备案

第一节 核准、备案的范围

第十三条 实行核准管理的范围是投资主体直接或通过其控制的境外企业开展的敏感类项目。核准机关是国家发展改革委。

本办法所称敏感类项目包括：

（一）涉及敏感国家和地区的项目；

（二）涉及敏感行业的项目。

本办法所称敏感国家和地区包括：

（一）与我国未建交的国家和地区；

（二）发生战争、内乱的国家和地区；

（三）根据我国缔结或参加的国际条约、协定等，需要限制企业对其投资的国家和地区；

（四）其他敏感国家和地区。

本办法所称敏感行业包括：

（一）武器装备的研制生产维修；

（二）跨境水资源开发利用；

（三）新闻传媒；

（四）根据我国法律法规和有关调控政策，需要限制企业境外投资的行业。

敏感行业目录由国家发展改革委发布。

第十四条 实行备案管理的范围是投资主体直接开展的非敏感类项目，也即涉及投资主体直接投入资产、权益或提供融资、担保的非敏感类项目。

实行备案管理的项目中，投资主体是中央管理企业（含中央管理金融企业、国务院或国务院所属机构直接管理的企业，下同）的，备案机关是国家发展改革委；投资主体是地方企业，且中方投资额3亿美元及以上的，备案机关是国家发展改革委；投资主体是地方企业，且中方投资额3亿美元以下的，备案机关是投资主体注册地的省级政府发展改革部门。本办法所称非敏感类项目，是指不涉及敏感国家和地区且不涉及敏感行业的项目。本办法所称中方投资额，是指投资主体直接以及通过其控制的境外企业为项目投入的货币、证券、实物、技术、知识产权、股权、债权等资产、权益以及提供融资、担保的总额。

本办法所称省级政府发展改革部门，包括各省、自治区、直辖市及计划单列市人民政府发展改革部门和新疆生产建设兵团发展改革部门。

第十五条 投资主体可以向核准、备案机关咨询拟开展的项目是否属于核准、备案范围，核准、备案机关应当及时予以告知。

第十六条 两个以上投资主体共同开展的项目，应当由投资额较大一方在征求其他投资方书面同意后提出核准、备案申请。如各方投资额相等，应当协商一致后由其中一方提出核准、备案申请。

第十七条 对项目所需前期费用（包括履约保证金、保函手续费、中介服务费、资源勘探费等）规模较大的，投资主体可以参照本办法第十三条、第十四条规定对项目前期费用提出核准、备案申请。经核准或备案的项目前期费用计入项目中方投资额。

第二节　核准的程序和时限

第十八条　实行核准管理的项目，投资主体应当通过网络系统向核准机关提交项目申请报告并附具有关文件。其中，投资主体是中央管理企业的，由其集团公司或总公司向核准机关提交；投资主体是地方企业的，由其直接向核准机关提交。

第十九条　项目申请报告应当包括以下内容：

（一）投资主体情况；

（二）项目情况，包括项目名称、投资目的地、主要内容和规模、中方投资额等；

（三）项目对我国国家利益和国家安全的影响分析；

（四）投资主体关于项目真实性的声明。

项目申请报告的通用文本以及应当附具的文件（以下称“附件”）清单由国家发展改革委发布。

第二十条　项目申请报告可以由投资主体自行编写，也可以由投资主体自主委托具有相关经验和能力的中介服务机构编写。

第二十一条　项目申请报告和附件齐全、符合法定形式的，核准机关应当予以受理。

项目申请报告或附件不齐全、不符合法定形式的，核准机关应当在收到项目申请报告之日起5个工作日内一次性告知投资主体需要补正的内容。逾期不告知的，自收到项目申请报告之日起即为受理。核准机关受理或不予受理项目申请报告，都应当通过网络系统告知投资主体。投资主体需要受理或不予受理凭证的，可以通过网络系统自行打印或要求核准机关出具。

第二十二条　项目涉及有关部门职责的，核准机关应当商请有关部门在7个工作日内出具书面审查意见。有关部门逾期没有反馈书面审查意见的，视为同意。

第二十三条　核准机关在受理项目申请报告后，如确有必要，应当在4个工作日内委托咨询机构进行评估。除项目情况复杂的，评估时限不得超过30个工作日。项目情况复杂的，经核准机关同意，可以延长评估时限，但延长的时限不得超过60个工作日。

核准机关应当将咨询机构进行评估所需的时间告知投资主体。接受委托的咨询机构应当在规定时限内提出评估报告，并对评估结论承担责任。评估费用由核准机关承担，咨询机构及其工作人员不得收取投资主体任何费用。

第二十四条 核准机关可以结合有关单位意见、评估意见等，建议投资主体对项目申请报告有关内容进行调整，或要求投资主体对有关情况或材料作进一步澄清、补充。

第二十五条 核准机关应当在受理项目申请报告后20个工作日内作出是否予以核准的决定。项目情况复杂或需要征求有关单位意见的，经核准机关负责人批准，可以延长核准时限，但延长的核准时限不得超过10个工作日，并应当将延长时限的理由告知投资主体。

前款规定的核准时限，包括征求有关单位意见的时间，不包括咨询机构评估的时间。

第二十六条 核准机关对项目予以核准的条件为：

（一）不违反我国法律法规；

（二）不违反我国有关发展规划、宏观调控政策、产业政策和对外开放政策；

（三）不违反我国缔结或参加的国际条约、协定；

（四）不威胁、不损害我国国家利益和国家安全。

第二十七条 对符合核准条件的项目，核准机关应当予以核准，并向投资主体出具书面核准文件。

对不符合核准条件的项目，核准机关应当出具不予核准书面通知，并说明不予核准的理由。

第二十八条 项目违反有关法律法规、违反有关规划或政策、违反有关国际条约或协定、威胁或损害我国国家利益和国家安全的，核准机关可以不经过征求意见、委托评估等程序，直接作出不予核准的决定。

第三节 备案的程序和时限

第二十九条 实行备案管理的项目，投资主体应当通过网络系统向备案机关提交项目备案表并附具有关文件。其中，投资主体是中央管理企业的，由其集团公司或总公司向备案机关提交；投资主体是地方企业的，由其直接向备案机关提交。

项目备案表格式文本及附件清单由国家发展改革委发布。

第三十条 项目备案表和附件齐全、符合法定形式的，备案机关应当予以受理。

项目备案表或附件不齐全、项目备案表或附件不符合法定形式、项目不属于备案管理范围、项目不属于备案机关管理权限的，备案机关应当在收到项目备案表之日起5个工作日内一次性告知投资主体。逾期不告知的，自收到项目备案表之日起即为受理。备案机关受理或不予受理项目备案表，都应当通过网络系统告知投资主体。投资主体需要受理或不予受理凭证的，可以通过网络系统自行打印或要求备案机关出具。

第三十一条 备案机关在受理项目备案表之日起7个工作日内向投资主体出具备案通知书。

备案机关发现项目违反有关法律法规、违反有关规划或政策、违反有关国际条约或协定、威胁或损害我国国家利益和国家安全的，应当在受理项目备案表之日起7个工作日内向投资主体出具不予备案书面通知，并说明不予备案的理由。

第四节 核准、备案的效力、变更和延期

第三十二条 属于核准、备案管理范围的项目，投资主体应当在项目实施前取得项目核准文件或备案通知书。

本办法所称项目实施前，是指投资主体或其控制的境外企业为项目投入资产、权益（已按照本办法第十七条办理核准、备案的项目前期费用除外）或提供融资、担保之前。

第三十三条 属于核准、备案管理范围的项目，投资主体未取得有效核准文件或备案通知书的，外汇管理、海关等有关部门依法不予办理相关手续，金融企业依法不予办理相关资金结算和融资业务。

第三十四条 已核准、备案的项目，发生下列情形之一的，投资主体应当在有关情形发生前向出具该项目核准文件或备案通知书的机关提出变更申请：

（一）投资主体增加或减少；

（二）投资地点发生重大变化；

（三）主要内容和规模发生重大变化；

（四）中方投资额变化幅度达到或超过原核准、备案金额的20%，或中方

投资额变化1亿美元及以上；

（五）需要对项目核准文件或备案通知书有关内容进行重大调整的其他情形。

核准机关应当在受理变更申请之日起20个工作日内作出是否同意变更核准的书面决定。备案机关应当在受理变更申请之日起7个工作日内作出是否同意变更备案的书面决定。

第三十五条 核准文件、备案通知书有效期2年。确需延长有效期的，投资主体应当在有效期届满的30个工作日前向出具该项目核准文件或备案通知书的机关提出延长有效期的申请。

核准机关应当在受理延期申请之日起20个工作日内作出是否同意延长核准文件有效期的书面决定。备案机关应当在受理延期申请之日起7个工作日内作出是否同意延长备案通知书有效期的书面决定。

第三十六条 核准、备案机关应当依法履行职责，严格按照规定权限、程序、时限等要求实施核准、备案行为，提高行政效能，提供优质服务。

第三十七条 对核准、备案机关实施的核准、备案行为，相关利害关系人有权依法申请行政复议或提起行政诉讼。

第三十八条 对不符合本办法规定条件的项目予以核准、备案，或违反本办法规定权限和程序予以核准、备案的，应当依法予以撤销。

第三十九条 核准、备案机关应当按照《政府信息公开条例》规定将核准、备案有关信息予以公开。

第四章　境外投资监管

第四十条 国家发展改革委和省级政府发展改革部门根据

境外投资有关法律法规和政策，按照本办法第十三条、第十四条规定的分工，联合同级政府有关部门建立协同监管机制，通过在线监测、约谈函询、抽查核实等方式对境外投资进行监督检查，对违法违规行为予以处理。

第四十一条 倡导投资主体创新境外投资方式、坚持诚信经营原则、避免不当竞争行为、保障员工合法权益、尊重当地公序良俗、履行必要社会责任、注重生态环境保护、树立中国投资者良好形象。

第四十二条 投资主体通过其控制的境外企业开展大额非敏感类项目的，

投资主体应当在项目实施前通过网络系统提交大额非敏感类项目情况报告表，将有关信息告知国家发展改革委。

投资主体提交的大额非敏感类项目情况报告表内容不完整的，国家发展改革委应当在收到之日起5个工作日内一次性告知投资主体需要补正的内容。逾期不告知的，视作内容完整。大额非敏感类项目情况报告表格式文本由国家发展改革委发布。本办法所称大额非敏感类项目，是指中方投资额3亿美元及以上的非敏感类项目。

第四十三条 境外投资过程中发生外派人员重大伤亡、境外资产重大损失、损害我国与有关国家外交关系等重大不利情况的，投资主体应当在有关情况发生之日起5个工作日内通过网络系统提交重大不利情况报告表。重大不利情况报告表格式文本由国家发展改革委发布。

第四十四条 属于核准、备案管理范围的项目，投资主体应当在项目完成之日起20个工作日内通过网络系统提交项目完成情况报告表。项目完成情况报告表格式文本由国家发展改革委发布。

前款所称项目完成，是指项目所属的建设工程竣工、投资标的股权或资产交割、中方投资额支出完毕等情形。

第四十五条 国家发展改革委、省级政府发展改革部门可以就境外投资过程中的重大事项向投资主体发出重大事项问询函。投资主体应当按照重大事项问询函载明的问询事项和时限要求提交书面报告。

国家发展改革委、省级政府发展改革部门认为确有必要的，可以公示重大事项问询函及投资主体提交的书面报告。

第四十六条 投资主体按照本办法第四十二条、第四十三条、第四十四条、第四十五条规定提交有关报告表或书面报告后，需要凭证的，可以通过网络系统自行打印提交完成凭证。

第四十七条 国家发展改革委、省级政府发展改革部门可以根据其掌握的国际国内经济社会运行情况和风险状况，向投资主体或利益相关方发出风险提示，供投资主体或利益相关方参考。

第四十八条 投资主体应当对自身通过网络系统和线下提交的各类材料的真实性、合法性、完整性负责，不得有虚假、误导性陈述和重大遗漏。

第四十九条 有关部门和单位、驻外使领馆等发现企业违反本办法规定的，可以告知核准、备案机关。公民、法人或其他组织发现企业违反本办法规定的，可以据实向核准、备案机关举报。

国家发展改革委建立境外投资违法违规行为记录，公布并更新企业违反本办法规定的行为及相应的处罚措施，将有关信息纳入全国信用信息共享平台、国家企业信用信息公示系统、“信用中国”网站等进行公示，会同有关部门和单位实施联合惩戒。

第五章　法律责任

第五十条　国家发展改革委工作人员有下列行为之一的，责令其限期改正，并依法追究有关责任人的行政责任；构成犯罪的，依法追究刑事责任：

（一）滥用职权、玩忽职守、徇私舞弊、索贿受贿的；

（二）违反本办法规定程序和条件办理项目核准、备案的；

（三）其他违反本办法规定的行为。

第五十一条　投资主体通过恶意分拆项目、隐瞒有关情况或提供虚假材料等手段申请核准、备案的，核准、备案机关不予受理或不予核准、备案，对投资主体及主要责任人处以警告。

第五十二条　投资主体通过欺骗、贿赂等不正当手段取得项目核准文件或备案通知书的，核准、备案机关应当撤销该核准文件或备案通知书，对投资主体及主要责任人处以警告；构成犯罪的，依法追究刑事责任。

第五十三条　属于核准、备案管理范围的项目，投资主体有下列行为之一的，由核准、备案机关责令投资主体中止或停止实施该项目并限期改正，对投资主体及有关责任人处以警告；构成犯罪的，依法追究刑事责任：

（一）未取得核准文件或备案通知书而擅自实施的；

（二）应当履行核准、备案变更手续，但未经核准、备案机关同意而擅自实施变更的。

第五十四条　投资主体有下列行为之一的，由国家发展改革委或投资主体注册地的省级政府发展改革部门责令投资主体限期改正；情节严重或逾期不改正的，对投资主体及有关责任人处以警告：

（一）未按本办法第四十二条、第四十三条、第四十四条、第四十五条规定报告有关信息的；

（二）违反本办法第四十八条规定的。

第五十五条 投资主体在境外投资过程中实施不正当竞争行为、扰乱境外投资市场秩序的，由国家发展改革委或投资主体注册地的省级政府发展改革部门责令投资主体中止或停止开展该项目并限期改正，对投资主体及主要责任人处以警告。

第五十六条 境外投资威胁我国国家利益和国家安全的，由国家发展改革委或投资主体注册地的省级政府发展改革部门责令投资主体中止实施项目并限期改正。

境外投资损害我国国家利益和国家安全的，由国家发展改革委或投资主体注册地的省级政府发展改革部门责令投资主体停止实施项目、限期改正并采取补救措施，对投资主体及有关责任人处以警告；构成犯罪的，依法追究刑事责任。投资主体按照本办法第四十三条规定及时提交重大不利情况报告表并主动改正的，可以减轻或免除本条规定的行政处罚。

第五十七条 金融企业为属于核准、备案管理范围但未取得核准文件或备案通知书的项目提供融资、担保的，由国家发展改革委通报该违规行为并商请有关金融监管部门依法依规处罚该金融企业及有关责任人。

第六章 附 则

第五十八条 各省级政府发展改革部门要加强对本地企业境外投资的指导、服务和监管，可以按照本办法的规定制定具体实施办法。

第五十九条 国家发展改革委对省级政府发展改革部门的境外投资管理工作进行指导和监督，对发现的问题及时予以纠正。

第六十条 核准、备案机关及其工作人员，以及被核准机关征求意见、受核准机关委托进行评估的单位及其工作人员，依法对投资主体根据本办法提交的材料负有保守商业秘密的义务。

第六十一条 事业单位、社会团体等非企业组织对境外开展投资参照本办法执行。

第六十二条 投资主体直接或通过其控制的企业对香港、澳门、台湾地区开展投资的，参照本办法执行。

投资主体通过其控制的香港、澳门、台湾地区企业对境外开展投资的，参照本办法执行。

第六十三条 境内自然人通过其控制的境外企业或香港、澳门、台湾地区企业对境外开展投资的，参照本办法执行。

境内自然人直接对境外开展投资不适用本办法。境内自然人直接对香港、澳门、台湾地区开展投资不适用本办法。

第六十四条 法律、行政法规对境外投资管理有专门规定的，从其规定。

第六十五条 本办法由国家发展改革委负责解释。

第六十六条 本办法自2018年3月1日起施行。《境外投资项目核准和备案管理办法》（国家发展和改革委员会令第9号）同时废止。

国家发展改革委　商务部　人民银行

外交部　全国工商联

关于发布《民营企业境外投资经营行为规范》的通知

2017年12月6日　　　　发改外资〔2017〕2050号

各省、自治区、直辖市及计划单列市、新疆生产建设兵团发展改革委、商务部门、人民银行分行、外事办公室、工商联：

近年来，我国民营企业境外投资步伐明显加快，为促进国民经济持续健康发展，加强我国与世界各国互利友好合作发挥了积极作用。同时，我国民营企业境外投资经验仍然不足，境外经营水平有待提高。

为规范民营企业境外投资经营行为，提高“走出去”的质量和水平，国家发展改革委、商务部、人民银行、外交部、全国工商联联合制定了《民营企业境外投资经营行为规范》，现予以发布，请指导有关民营企业结合自身实际参照执行。

民营企业境外投资经营行为规范

一、总则

（一）国家支持有条件的民营企业“走出去”，对民营企业“走出去”与国有企业“走出去”一视同仁。

（二）民营企业要根据自身条件和实力有序开展境外投资，参与“一带一路”建设，推进国际产能和装备制造合作，服务于供给侧结构性改革和转型升级。

（三）民营企业开展境外投资应坚持企业主体、市场运作，自主决策、自负盈亏，量力而行、审慎而为，着力提高企业创新能力、核心竞争力和国际化经营能力。

（四）民营企业在境外投资经营活动中应遵守我国和东道国

（地区）的法律法规，遵守有关条约规定和其他国际惯例，依法经营、合规发展，加强境外风险防控。

（五）民营企业要以和平合作、开放包容、互学互鉴、互利共赢为指引，按照共商、共建、共享的原则，与东道国（地区）有关机构、企业开展务实合作，实现共同发展。

二、完善经营管理体系

（六）完善境外投资管理规章制度。民营企业要结合本企业实际，明确境外投资管理部门和职责，细化境外投资决策程序，建立健全境外企业设立和授权管理制度及境外投资风险管控制度。

（七）开展绩效管理。民营企业要坚持规模、质量和效益并重，完善境外经营评价、考核和激励办法，提高境外投资绩效水平。

（八）加强财务监督。民营企业要加强对境外分支机构在资金调拨、融资、股权和其他权益转让、再投资及担保等方面的监督和管理，审慎开展高杠杆投资，规范境外金融衍生品投资活动。

（九）加强人才队伍建设。民营企业要加强国际化经营人才培养，选聘境内外优秀管理人员，建立健全派出人员管理制度，对派出人员出国前开展必要教育，帮助派出人员了解当地法律法规、安全环境等知识，增强派出人员遵法守法以及安全风险防范意识和能力。

三、依法合规诚信经营

（十）履行国内申报程序。民营企业境外投资应按照相关规定，主动申请备案或核准。境外投资涉及敏感国家和地区、敏感行业的，须获核准；其他情形的，须申请备案。不得以虚假境外投资非法获取外汇、转移资产和进行洗钱等活动。

（十一）依规承诺对外融资。民营企业在境外跟踪拟使用中国金融机构信贷保险的项目，未取得有关金融机构出具的承贷、承保意向函前不得做出对外融资或保险承诺。

（十二）开展公平竞争。民营企业境外投资经营应坚持公平竞争，坚决抵制商业贿赂，不得向当地公职人员、国际组织官员和关联企业相关人员行贿。不得串通投标，不得诋毁竞争对手，不得虚假宣传业绩或采取其他不正当竞争手段。

（十三）履行合同约定。民营企业及其境外分支机构与境外相关方订立书面合同，须明确双方权利与义务，并严格按照合同履约。

不得以欺诈手段订立虚假合同。

（十四）保证项目和产品质量。民营企业境外分支机构应认真执行东道国（地区）有关项目及产品质量管理的标准和规定，加强项目质量管理，严控产品质量。

（十五）保护知识产权。民营企业境外分支机构应根据东道国（地区）法律、相关条约的规定，认真开展知识的创造、运用、管理和知识产权保护工作。应根据境外业务发展需要，适时办理专利申请、商标注册、著作权登记等，明确商业秘密的保护范围、责任主体和保密措施。民营企业境外分支机构开展经营活动，应尊重其他组织和个人知识产权，依法依规获取他方技术和商标使用许可。

（十六）消费者权益保护。民营企业在境外投资经营应依法保护消费者权益，避免侵犯消费者隐私，不得有虚假广告、商业欺诈等行为。

（十七）依法纳税。民营企业境外分支机构应按照东道国（地区）法律纳税，不得偷税漏税。

（十八）维护国家利益。民营企业在境外开展投资和经营活动应有助于维护我国国家主权、安全和社会公共利益，维护我国与有关国家（地区）关系。

（十九）避免卷入别国内政。民营企业境外投资经营应避免卷入当地政治、经济利益集团的纷争，不介入当地政治派别活动。

四、切实履行社会责任

（二十）加强属地化经营。民营企业要根据实际需要确定国内派出人员，依法依规聘用东道国（地区）员工，积极为当地创造就业机会。

（二十一）尊重文化传统。民营企业派驻境外人员要努力适应东道国（地区）社会环境，尊重当地文化、宗教和风俗习惯。民营企业应积极开展中外文化交流，相互借鉴，增进理解。

（二十二）加强社会沟通。民营企业及其境外分支机构要与东道国（地区）政府保持良好关系，注意加强与当地工会组织、媒体、宗教人士、族群首领、非政府组织等社会各界的沟通与交流。

（二十三）热心公益事业。民营企业境外分支机构要坚持义利并重，积极参与当地教育、卫生、社区发展等公益事业，造福当地民众，树立服务社会的良好企业形象。

（二十四）推动技术进步。民营企业境外分支机构要加强与东道国（地区）高等院校、科研机构、有关企业等的合作，共同推动我国和东道国（地区）产业技术交流。

（二十五）完善信息披露。鼓励民营企业境外分支机构建立健全企业社会责任信息披露机制，及时披露社会责任信息和绩效，定期发布社会责任或可持续发展报告。

五、注重资源环境保护

（二十六）保护资源环境。鼓励民营企业在境外坚持资源节约、环境友好的经营方式，将资源环境保护纳入企业发展战略和生产经营计划，建立健全资源环境保护规章制度。

（二十七）开展环境影响评价。民营企业在境外项目建设前，要对拟选址建设区域开展环境监测和评估，掌握项目所在地及其周围区域的环境本底状况。

民营企业在收购境外企业前，要对目标企业开展环境尽职调查，重点评估其在历史经营活动中形成的危险废物、土壤和地下水污染等情况以及目标企业与此相关的环境债务。

民营企业境外分支机构要对其开发建设和生产经营活动开展环境影响评价，并根据环境影响评价结果，采取合理措施降低可能产生的不利影响。

（二十八）申请环保许可。民营企业境外建设和运营的项目，要依照东道国（地区）环保法律法规规定，申请项目建设相关许可。

对于暂时没有环保法律的国家或地区，可借鉴国际组织或多边机构的环保标准，采取有利于东道国（地区）生态发展的环保措施。必要时可聘请第三方进行环保评估。

（二十九）制定环境事故应急预案。民营企业境外分支机构要对可能存在的环境事故风险制定应急预案，并建立与当地政府及社会公众的沟通机制。

（三十）开展清洁生产。民营企业境外分支机构要开展清洁生产，推进循环利用，对排放的主要污染物开展监测，减少生产、服务和产品使用过程中污染物的产生和排放。

（三十一）重视生态修复。对于由生产经营活动造成的生态影响，民营企业境外分支机构要根据东道国（地区）法律法规要求或者行业通行做法，做好生态修复。

六、加强境外风险防控

（三十二）加强全面风险防控。民营企业要自觉维护国家经济、产业、技术安全，境外投资经营需加强与国家利益相关风险防范。

同时要加强对东道国（地区）政治经济形势、民族宗教矛盾、社会治安、恐怖主义、负面舆情民情、灾害疫情等信息的关注，项目启动前做好全面风险评估，投资经营活动中与我国驻当地使领馆、东道国（地区）政府有关部门建立经常性沟通渠道，最大限度保护企业人员和资产安全。

（三十三）防范法律风险。鼓励民营企业选聘国内外专业的法律、评估、信用评级等相关机构，严格执行重大决策、交易的合规性审核，做好境外投资业务相关的监管规则跟踪分析和合规培训，加强与东道国（地区）监管部门沟通，积极配合监管工作。

（三十四）完善安全保障。民营企业境外分支机构要强化安全风险意识，建立健全安全保障制度。根据不同的安全风险，有针对性地制定安保措施，并把安全防护费用计入投资成本，保障安保工作的人力、物力、财力投入。采用符合国际惯例的合同条款，把安全保障条款纳入项目协议或合同，明确双方安保责任。

（三十五）建立健全应急处置机制。民营企业及其境外分支机构要建立完善境外突发安全事故应急处置机制，制定安全事故应急预案，并通过定期演练不断提高应急处置能力。

（三十六）安全事故处理。境外安全事故发生后，民营企业境外分支机构应在第一时间向当地政府有关部门及我国驻当地使领馆报告，并立即采取必要有效的紧急救助措施，防止事故扩大，减少人员伤亡和财产损失。积极开展事故调查，妥善做好事故处理、赔付和善后工作。

[地方司法业务文件与解读]

北京市高级人民法院民事审判第一庭

关于《民法总则》施行后适用诉讼时效制度的参考意见

（2017年12月20日）

《中华人民共和国民法总则》（以下简称《民法总则》）已于2017年10月1日起施行，《民法总则》在《中华人民共和国民法通则》（以下简称《民法通则》）和相关司法解释的基础上对诉讼时效制度作了重大调整。鉴于立法机关和最高人民法院尚未出台法律和司法解释就新旧诉讼时效的法律适用问题予以明确，为确保新旧诉讼时效期间的平稳过渡和有效衔接，保证全市法院民事审判部门适用法律的统一，现就《民法总则》施行后诉讼时效制度的具体适用提出如下意见，供全市法院民事审判部门参考。

一、《民法总则》、《民法通则》以及其他民事单行法中有关诉讼时效期间规定的冲突适用原则

《民法总则》施行后，《民法总则》、《民法通则》以及其他民事单行法中有关诉讼时效的规定同时并存，在一定范围内存在法律适用上的冲突，主要包括：

（一）《民法总则》规定的诉讼时效期间与《民法通则》普通诉讼时效期间的冲突适用原则

《民法通则》规定的二年普通诉讼时效期间与《民法总则》规定的三年普

通诉讼时效期间属于在相同事项上作出的不同规定，鉴于《民法通则》与《民法总则》均属于基本法，在效力等级上处于同一位阶，故根据新法优于旧法的原则在《民法总则》施行后普通诉讼时效期间应为三年。

（二）《民法总则》规定的诉讼时效期间与《民法通则》短期诉讼时效期间的冲突适用原则

《民法通则》暂不废止的原因是其中规定的合同、所有权及其他财产权、民事责任等具体内容还需要在编撰民法典各分编时作进一步统筹，系统整合，而诉讼时效制度在《民法通则》、《民法总则》中均系专章予以规定，《民法总则》关于诉讼时效的规定应视为全面取代了《民法通则》的相应规定，《民法通则》第一百三十六条规定的一年短期诉讼时效属于诉讼时效一章下的一个条款，对此《民法总则》在诉讼时效一章中并未予以规定，可以认为《民法总则》取消了一年短期诉讼时效期间。因此，在《民法总则》施行后不再适用《民法通则》第一百三十六条规定的一年诉讼时效期间。

（三）《民法总则》规定的诉讼时效期间与民事单行法中有关诉讼时效期间的冲突适用原则

《民法总则》第一百八十八条规定：法律对于诉讼时效期间另有规定的，依照其规定。《民法总则》有关诉讼时效期间的规定与民事单行法中有关诉讼时效期间的规定属于一般法与特别法的关系，按照特别法优于一般法的原则，在《民法总则》施行后仍应优先适用民事单行法中有关诉讼时效期间的规定。但2017年9月30日之前（本意见中“之前”、“之后”均包括本日）施行的民事单行法中规定的诉讼时效为二年的，其性质与《民法通则》规定的二年普通诉讼时效无异，故根据新法优于旧法的原则，在《民法总则》施行后应适用三年的诉讼时效期间。

二、《民法总则》第一百八十八条有关诉讼时效起算点规定的溯及力问题

《民法总则》第一百八十八条较之《民法通则》第一百三十七条在诉讼时效起算点上增加了“知道或者应当知道义务人”的表述，似乎二者在诉讼时效起算点上存在差别。我们认为，尽管《民法通则》第一百三十七条并无“知道或者应当知道义务人”的表述，但从理论界到实务界均认为权利人知道或者应当知道权利被侵害，不仅包括权利人知道或者应当知道侵害事实的发

生，而且也包括权利人知道或者应当知道义务人是谁，否则要求权利人在不知道权利被谁侵害时承担诉讼时效期间届满的法律后果，对权利人显然有失公允。此外，最高人民法院在《关于审理民事案件适用诉讼时效制度若干问题的规定》第八条、第九条中也明确肯定了这一观点，因此，权利人知道或者应当知道义务人应为《民法通则》第一百三十七条有关诉讼时效起算点规定的应有之义。基于此，我们认为，《民法总则》第一百八十八条系对《民法通则》第一百三十七条规定之细化和完善，二者在诉讼时效起算点的确定上并无差别，因而不存在诉讼时效起算点的溯及力问题。

三、《民法总则》有关诉讼时效期间的溯及力问题

（一）基本原则和思路

我们认为，应在坚持鼓励诚信、更好地维护权利人合法权益的基础上，准确界定义务人诉讼时效抗辩权的形成时间，参照《最高人民法院关于适用〈中华人民共和国合同法〉若干问题的解释（一）》有关诉讼时效条款的相关精神，按照“从旧兼从长”的原则确定《民法总则》有关诉讼时效期间的溯及力问题。即：权利人之权利受到损害的事实发生在民法总则施行之前，按照《民法通则》的规定诉讼时效期间在2017年9月30日之前已经届满的，义务人已经确定取得了不履行义务的诉讼时效抗辩权，该抗辩权不因《民法总则》的施行而消灭。但按照《民法通则》的规定诉讼时效期间在2017年10月1日尚未届满的，义务人的诉讼时效抗辩权系在《民法总则》施行后产生，基于新法施行及新法关于诉讼时效的规定有利于保护权利人等因素考虑，此时《民法总则》关于诉讼时效的规定应产生溯及力，不再适用《民法通则》的相关规定。

（二）普通诉讼时效的溯及力问题

权利人之权利受到损害的事实发生在2017年9月30日之前，自权利人知道或者应当知道其权利受到损害以及义务人之日（以下简称诉讼时效起算之日）起至2017年10月1日超过二年的，诉讼时效期间已届满，不因《民法总则》的施行而变更；尚未超过二年的，其向人民法院请求保护民事权利的诉讼时效期间为三年。

（三）短期诉讼时效的溯及力问题

《民法通则》第一百三十六条规定的权利人之权利受到损害的事实发生在

2017年9月30日之前，自诉讼时效起算之日起至2017年10月1日超过一年的，诉讼时效期间已届满，不因《民法总则》的施行而变更；尚未超过一年的，其向人民法院请求保护民事权利的诉讼时效期间为三年。

（四）继续性债权诉讼时效的溯及力问题

对于约定为按日计付的违约金等继续性债权，以按日形成的每个个别债权分别单独适用诉讼时效。如权利人主张已发生债权，在2017年9月30日之前起诉的，该权利保护范围为自权利人向人民法院起诉之日起向前推算二年；在2017年10月1日至2018年9月30日期间起诉的，该权利保护范围为2015年10月1日至权利人起诉之日；在2018年10月1日之后起诉的，该权利保护范围为自权利人向人民法院起诉之日起向前推算三年。

（五）存在诉讼时效中止时的溯及力问题

中止时效的原因消除后继续计算的诉讼时效期间在2017年9月30日之前届满的，不因《民法总则》的施行而变更。

中止时效的原因在2017年9月30日之前消除，按照《民法通则》第一百三十九条规定中止时效的原因消除后继续计算的诉讼时效期间延续至2017年10月1日尚未届满的，或者中止时效的原因在2017年10月1日之后消除的，自中止时效的原因消除之日起满六个月，诉讼时效期间届满；但自诉讼时效起算之日起向后推算三年，期满日晚于上述六个月届满日的，诉讼时效期间计算至该期满日。

（六）存在诉讼时效中断时的溯及力问题

存在诉讼时效中断情形的，中断、有关程序终结的情形发生在2017年9月30日之前，诉讼时效期间按二年重新计算，但重新计算之日起至2017年10月1日尚未超过二年的，诉讼时效期间延长为三年；中断、有关程序终结的情形发生在2017年10月1日之后，诉讼时效期间按三年重新计算。

上述意见系我庭在法律和司法解释就相关问题尚未予以明确的情况下初步提出的参考性意见，若本意见与新颁布的法律和司法解释不一致的，以新颁布的法律和司法解释的规定为准。

四川省高级人民法院

关于审理民商事纠纷管辖权异议案件的工作规范（试行）

2017年12月15日　　川高法〔2017〕352号

第一条【依据】　为进一步规范全省法院民商事纠纷管辖权异议案件的审理工作，提高民商事纠纷管辖权异议案件的审判质量和效率，依据《中华人民共和国民事诉讼法》、《最高人民法院关于适用〈中华人民共和国民事诉讼法〉的解释》、《最高人民法院关于印发〈关于进一步加强民事送达工作的若干意见〉的通知》等规定，制定本工作规范。

第二条【工作原则指导思想】　人民法院审理管辖权异议案件应当遵循以下工作原则指导思想：

（一）规范，要严格按照法律及本工作规范的规定审查和处理管辖权异议案件；

（二）高效，要切实提高管辖权异议的受理、审查、送达及移送等工作环节的效率；

（三）依法严格规制当事人滥行管辖权异议权利的行为。

一、管辖权异议的受理

第三条【管辖异议权的告知】　人民法院应当在一审立案后随《应诉通知书》向当事人发放《当事人提起管辖权异议操作指引》，并载明以下内容：

（一）当事人享有的管辖异议权；

（二）提起管辖权异议的方式和条件；

（三）提起管辖权异议应当提交的材料；

（四）滥行管辖权异议所应承担的后果。

第四条【异议申请的接收】 民商事诉讼的被告在一审提交答辩状期间以自己名义书面提出管辖权异议申请的，人民法院应当接收。

第五条【审查处理】 案件承办法官在收到被告提交的管辖权异议申请后，应当审查以下事项：

（一）申请人及其代理人的相关身份信息；

（二）异议请求是否明确移送审理的人民法院名称；

（三）异议所根据的事实、理由及相关证据、证据来源；涉及证人的，是否提供证人姓名、住所和联系方式；

（四）送达地址确认信息。

经审查不符合要求，应当以书面《补充材料通知书》要求异议人补充相关材料，并告知在收到书面通知后七日内予以补充。异议人逾期未补充相关材料或经补充仍不符合要求的，人民法院不再审查。

经审查符合条件的，按最高人民法院案件案号及配套标准规定编列附号进行处理。

第六条【不予审查的情形】 当事人对下列案件提出管辖权异议的，人民法院依法不予审查：

（一）发回重审或者按照审判监督程序再审的案件；

（二）上级法院指定管辖案件或法院依职权移送管辖的案件；

（三）专属管辖的执行异议之诉、第三人撤销之诉、破产衍生诉讼、实现担保物权等案件。

对下列管辖权异议申请，人民法院依法不予审查：

（一）未在提交答辩状期间提起管辖权异议的；

（二）第三人或其他不适格主体提起管辖权异议的；

（三）反诉被告对反诉提出管辖异议的；

（四）原告在诉讼中增加或减少诉讼请求，致使诉讼标的额超过或达不到受诉法院级别管辖权限的，但违反级别管辖和专属管辖规定的除外；

（五）诉讼中争议的民事权利义务主体发生变更或转移的，不影响当事人的诉讼地位；

（六）提出管辖权异议明显缺乏事实依据和法律依据的；

（七）其他不予审查情形。

当事人约定有仲裁协议（条款），原告向人民法院起诉，被告提出异议的，按照《最高人民法院关于适用〈中华人民共和国民事诉讼法〉的解释》二百一十六条处理。

第七条【不予审查的告知】 当事人提出管辖权异议属于本规范第六条规定情形之一的，应当在决定不予审查的三日内书面告知提起管辖权异议的当事人；也可以采取口头告知方式，但应当做好笔录并存案。

二、一审的审查

第八条【审查主体】 对符合受理条件的管辖权异议案件，由承办本案的独任审判员或合议庭进行审查。

第九条【审查方式】 审查管辖权异议案件原则上采用书面审查形式。确有必要的，可采取询问、听证等方式进行。

第十条【审查期限】 当事人提出管辖权异议的，应当在案件受理之日起三十日内作出裁定；多个当事人答辩期间提出管辖权异议的，应当在最后一个当事人提出异议后的三十日内作出裁定。

第十一条【对原告撤回起诉的处理】 在管辖权异议审查期间原告申请撤回起诉，受诉法院准予撤回起诉的，对管辖权异议不再审查，但应在准予撤回起诉的裁定中载明。

第十二条【裁定移送管辖】 管辖异议成立的，在作出裁定前可以询问原告是否申请撤回起诉，原告申请撤回起诉的，应按照本规范第十一条处理；原告不撤回的，裁定移送有管辖权的人民法院。

第十三条【当事人的列明】 一审裁定列明当事人，应当分别以下情形进行处理：

（一）裁定驳回管辖权异议的，仅列明原告和提起管辖权异议的当事；

（二）裁定移送管辖的，应当列明所有参加诉讼的当事人。

三、二审的审查

第十四条【主体】 一审裁定列明的当事人对裁定不服的，可以提起上诉；

一审裁定未列明的当事人，不得提起上诉，但根据本规定应当列明而没有列明的当事人除外；

依法适用小额诉讼程序审理的案件，当事人对管辖权异议的裁定，不得提起上诉。

第十五条【案件的移送】 当事人提起上诉的，一审法院应在裁定书送达后的三个工作日内通过网上办案系统移交上诉法院审查。

第十六条【材料审查】 移送上诉案件的手续应当完整、齐备，材料不齐的退回移送法院。

移送上诉案件，应当包括以下材料：

（一）上诉人及其代理人的相关身份信息；

（二）上诉状、起诉状；

（三）上诉请求是否明确移送审理的人民法院名称；

（四）上诉的事实、理由及相关证据、证据来源；涉及证人的，是否提供证人姓名、住所和联系方式；

（五）送达地址确认信息。

第十七条【案件的审查】 上诉法院立案部门在收到移送案件后，经审查立案后移送负责审查管辖权异议案件的审判部门。

移送上诉案件不符合本规范第十六条要求的，应当按下列情形处理：

（一）移送的案件材料不齐的，一律退回移送法院，移送法院在退回后的三日内补充材料后再行移送；

（二）移送案件退回后再次移送仍未达到案件移送要求的，办案系统自动锁定冻结案件。申请解冻移送案件的，承办法官应当向分管院长申请解冻。

第十八条【审查主体】 高、中级法院立案部门负责审查管辖权异议的上诉案件。

第十九条【审查方式】 审查管辖权异议上诉案件，应当组成合议庭，采用书面方式进行。确有必要的，可采取询问、听证等方式。

第二十条【裁定】 审查管辖权异议上诉案件，应当在立案后三十日内作出终审裁定。

在审查管辖权异议上诉案件过程中，原告向一审法院申请撤回起诉并经准许的，可向管辖权异议上诉人释明，并要求其撤回上诉，上诉人坚持不撤回上诉的，裁定终结管辖权异议审查。

第二十一条【当事人的列明】 二审裁定列明当事人，应当分别以下情形进行处理：

（一）维持一审驳回管辖权异议裁定的，按一审裁定书所列当事人列明当事人；

（二）裁定移送管辖的，应当列明所有参加诉讼的当事人。

四、送达

第二十二条【当事人送达范围】 管辖权异议裁定按裁定书列明的当事人送达。

第二十三条【其他】 送达方式、标准按照《四川省高级人民法院关于解决民事诉讼"送达难"若干问题的意见》执行。

五、其他规定

第二十四条【考核】 民商事纠纷管辖权异议案件的审判质效、案卷归档、卷宗及材料移送工作等纳入对法院、法官、审判辅助人员的业绩考核。

第二十五条【生效时间】 本工作规范自公布之日起施行。

［司法实务问题研究］

仲裁案外人的权利救济

桂　艳*

【摘要】仲裁裁决影响案外人权益的情形时有发生。无论适用现行诉讼法上的制度，还是依据实体法请求损害赔偿，案外人均无法获得有效的救济。依据“有侵害，就应有救济机会”原则以及仲裁协议扩张理论，案外人质疑仲裁裁决具备正当性。根据现有理论及域外法的经验，案外人可以通过案外人撤销仲裁裁决之诉实现权利救济。由于功能、性质以及程序保障上的一致性，案外人撤销仲裁裁决之诉与我国民事诉讼法上的第三人撤销之诉并不冲突，因此可以从立法上将仲裁裁决纳入第三人撤销之诉的范畴，从而使符合条件的案外人获得申请法院撤销仲裁裁决的机会。目前司法中可行的方法是：当仲裁当事人向法院提出不予执行仲裁裁决或者撤销仲裁裁决程序时，法官运用自由裁量权，对“公共利益”进行扩大解释，将损害第三人合法权益纳入损害公共利益的范畴，从而否定仲裁裁决的法律效力，以达到保护案外人权利的目的。

【关键词】仲裁裁决　案外人　第三人撤销之诉

理论通说认为，由于仲裁庭的权力来自当事人的授权，所以仲裁庭的决定或者命令，仅对当事人双方产生拘束力，对第三人无任何法律约束力。① 但是实践中，一些仲裁裁决确实会影响案外人的利益，甚至侵害案外人的合法权益。案外人在现行法中却无法找到有效的救济途径。这既不利于保障案外人的

* 南京市中级人民法院民五庭助理审判员。

① 赵健：《国际商事仲裁的司法监督》，法律出版社2000年版，第4页。

权利，也不利于仲裁制度的长远发展。为解决这一问题，本文在论证案外人撤销仲裁裁决具备正当性的基础上，借鉴域外法的立法经验，建议从立法上拓展我国现有第三人撤销之诉的客体，构建仲裁案外人的权利救济路径，并从解释论的角度，分析现有法律框架下裁判者的权宜之计。

一、问题的提出

【案例一】黄某以房地产公司未按合同约定办理过户手续为由申请仲裁，请求仲裁庭裁决房地产公司为涉案的九十余套房产办理产权证。仲裁庭支持了黄某请求。房地产公司依据仲裁裁决，将房产登记到黄某名下。但事实上，涉案房产早已出售给某公司员工，只是一直未办理房屋登记手续。当得知房产已登记到黄某名下后，涉案住户就“一房两卖”问题多次集体上访。仲裁委员会申请法院撤销上述仲裁裁决。

【案例二】A 公司将其与 B 公司的债务纠纷提交仲裁解决。在仲裁过程中，A 公司与 B 公司达成协议：B 公司对 A 公司享有 300 万美元债权，A 公司以名下房产作价清偿债务。仲裁裁决 A 公司按照协议向 B 公司清偿债务。法院在执行 C 公司与 A 公司信用证纠纷案时，A 公司向法院出具说明，称其已无财产可供处理。C 公司以 A 公司与 B 公司恶意串通，损害案外人利益为由向法院申请撤销仲裁裁决。①

案例一反映出案外人与仲裁当事人对房屋产权冲突问题，即一旦仲裁裁决被履行，就会对案外人的绝对权（物权）产生影响。因为绝对权具有排他性，仲裁裁决对财产的处分，会对案外人的权利造成直接影响。案例二反映出案外人的债权与仲裁当事人的债权冲突的问题，即一旦仲裁裁决被履行，就会对案外人的相对权产生影响。由于相对权不具有排他性，标的物上的数个相对权可以并存。但是，如果仲裁当事人以逃避债务为目的虚构债权，则可能直接导致债务人因偿还了该虚构的债务，而无法清偿案外人债权的结果。这时，仲裁裁决对案外人的债权就会产生间接性影响。

可见，仲裁裁决对仲裁当事人权利义务的分配与案外人的权利冲突，仲裁裁决直接或间接影响案外人权利的情形，并不罕见。当仲裁裁决影响案外人权利时，仲裁案外人该如何救济？上述两则案例中当事人的做法不尽相同。案例

① 参见佛山市中院（2004）佛中法民四初字第133号民事裁定书。

一中由仲裁委员会申请法院撤销仲裁裁决，案例二中则由案外人申请法院撤销仲裁裁决。其实，仲裁案外人权利受到侵害时，能否申请法院救济及采取何种方式救济，这些问题在立法上没有规定，在司法实践中也没有形成统一的做法。因此，本文研究的问题为：当权利遭遇仲裁裁决的侵害时，案外人该如何救济?①

二、现有救济路径存在的障碍

司法实践中，当权利遭遇仲裁裁决侵害时，案外人倾向于运用现行诉讼法上的制度，通过申请不予执行仲裁裁决、申请撤销仲裁裁决、提起执行异议之诉、提出再审或者第三人撤销之诉进行权利救济，或是适用实体法的相关规定提起损害赔偿之诉。当案外人试图适用上述制度保护自身权利时，尚有两个层面的问题需要考虑：一是案外人是否有权启动上述程序？二是案外人有权启动程序时，案外人进行权利救济的效果如何？

（一）申请不予执行或撤销仲裁裁决

仲裁法、民事诉讼法及其解释规定了不予执行仲裁裁决和撤销仲裁裁决两种司法监督程序。这两种程序常被用于否定仲裁裁决的法律效力，不同之处在于：不予执行仲裁裁决是使仲裁裁决丧失强制执行力，从而间接否定其法律效力；撤销仲裁裁决则是直接使仲裁裁决丧失法律效力。

虽然仲裁当事人通过不予执行仲裁裁决或撤销仲裁裁决均可以否定仲裁裁决的法律效力，但仲裁案外人在适用上述程序救济自身权利时，则存在障碍：从程序启动主体来看，不予执行或撤销仲裁裁决应由仲裁当事人申请，案外人不能申请。最高人民法院在对案外人申请撤销仲裁裁决案的复函②中明确：仲裁法第七十条（现第五十八条）规定的“当事人”是指仲裁案件的申请人或被申请人，案外人不具备申请撤销该仲裁裁决的主体资格，故对该申请人民法院不予受理。鉴于我国法律对于不予执行仲裁裁决与撤销仲裁裁决的规定相同，启动不予执行仲裁裁决程序亦应由仲裁当事人申请，案外人不能申请。因

---

① 仲裁裁决中确认的事实对案外人的权利造成侵害的情形，不在本文探讨范围之内。因为根据民事诉讼法司法解释第九十三条的规定，仲裁裁决中认定的事实属于不要证事实，除非当事人确有证据可以推翻仲裁裁决的事实。因此，如果仲裁裁决中确认的事实对当事人的权利产生不利影响是间接性的，案外人完全可以通过举出相反证据来排除这种不利影响。

② 《最高人民法院对崇正国际联盟集团有限公司申请撤销仲裁裁决人民法院应否受理的复函》[（2001）民立他字第36号]。

此，案外人通过主动提起不予执行或撤销仲裁裁决程序来救济自身权利的方法并不可行。

（二）提起执行异议与执行异议之诉

民事诉讼法第二百二十七条规定了执行异议与执行异议之诉：执行过程中，案外人对执行标的提出书面异议的，人民法院应当自收到书面异议之日起十五日内审查，理由成立的，裁定中止对该标的的执行；理由不成立的，裁定驳回。案外人、当事人对裁定不服，认为原判决、裁定错误的，依照审判监督程序办理；与原判决、裁定无关的，可以自裁定送达之日起十五日内向人民法院提起诉讼。其中，所谓执行异议，即案外人提出的书面异议，应理解为案外人对执行标的物主张实体权利，并以此为基础主张法院的执行侵害了其实体法上的权利，请求法院撤销对该标的物的执行。[①] 所谓执行异议之诉，即当执行标的的错误不是由于作为执行根据（判决或裁定）的错误所导致，案外人可以通过提起诉讼的方式实现对自己实体权利的救济。例如在执行中错误地将案外人的特定财产作为执行根据的判决中应执行的标的。实践中，案外人也多是因为对执行标的的权属有异议，从而提出执行异议和执行异议之诉。[②]

执行异议和执行异议之诉本质上属于一种执行救济手段，仲裁案外人适用该程序救济自身权利，会存在如下问题。其一，执行异议及执行异议之诉的适用前提为仲裁裁决已进入执行程序。当仲裁裁决不需要执行，并未进入执行程序时，仲裁案外人无法启动异议程序。其二，案外人提起的异议之诉的法律文书并不包括仲裁裁决，对仲裁案外人权利的救济仍存在真空地带。其三，在执行异议和执行异议之诉中，案外人只能针对执行标的物而非原判决提起诉讼，旨在达到“阻止让与”的效果。如果生效裁判确有错误，中止执行只是暂时延缓执行的权宜之计，却无法阻止债权人实体权利的最终行使。[③] 因此，由于在适用前提、客体以及效果方面存在的法律障碍，仲裁案外人试图适用执行异议和执行异议之诉来救济自身权利的方式也不可行。

（三）提起再审或者第三人撤销之诉

依据民事诉讼法第一百九十八条之规定，再审的客体是已经发生法律效力的判决、裁定、调解书。显然，再审程序不能适用于纠正仲裁裁决的错误。因

① 张卫平：《案外人异议之诉》，载《法学研究》2009年第1期。

② 谭秋桂：《民事执行法学（第二版）》，北京大学出版社2010年版，第271页。

③ 董少谋：《执行程序中案外人之救济途径》，载《中国法学》2009年第5期。

此，在现有法律框架下，仲裁案外人无法通过提起再审程序救济自身权利。

同样的问题也存在于案外人试图通过第三人撤销之诉保护权利时。民事诉讼法第五十六条第三款将适用第三人撤销之诉的客体限定为人民法院作出的“判决、裁定、调解书”，不包括仲裁裁决。可见，仲裁案外人试图提起第三人撤销之诉的道路也不畅通。

（四）请求侵权损害赔偿

从实体法的角度来看，侵权责任法第六条第一款规定，行为人因过错侵害他人民事权益，应当承担侵权责任。依据该规定，生效的仲裁裁决损害了案外人的实体权益，案外人可以提起损害赔偿之诉。但实践中这种救济方式依然存在以下问题。其一，一般侵权行为适用过错责任原则，追责时需要证明侵权行为人具有过错，例如证明仲裁当事人恶意串通，滥用仲裁。但对于仲裁当事人主观不存在过错，却在实际上损害案外人权利的行为（如前文案例一所示情形），显然不能通过该种途径追责。其二，案外人追究仲裁当事人的侵权责任，须以仲裁当事人的恶意仲裁行为造成了案外人的实际损害为前提。否则，案外人便因欠缺侵权责任的构成要件而无法获得支持。正是基于侵权责任这一构成要件，案外人在明知自身权益有遭受侵害的危险时，却不能采取有效措施消除，而只能等到损害实际发生后，才能向侵权行为人请求侵权损害赔偿。这一事后救济模式，使得利益遭受侵害的仲裁案外人在寻求救济时显得过于被动，也不利于恶意仲裁的防治，成为此种救济途径最大的软肋。①

综上，无论适用现行诉讼法上的制度，还是依据实体法请求损害赔偿，案外人均无法获得有效的权利救济途径。鉴于此，笔者试图构建新的制度，使遭受仲裁裁决侵害的案外人获得救济机会。但在此之前，我们需要探讨一个先决问题：案外人能否质疑仲裁裁决？

三、案外人能否质疑仲裁裁决

（一）理论上的障碍

由于仲裁自身特性，案外人试图通过司法程序质疑仲裁裁决，理论上存在障碍。一是仲裁的自愿性。仲裁的显著特点是当事人意思自治，仲裁的自愿原

① 刘东：《论仲裁裁决案外人利益的保护——以案外第三人撤销仲裁裁决之诉为中心的研究》，载《法治研究》2015年第2期。

则体现于仲裁的整个仲裁过程中。仲裁的最主要依据是当事人自愿达成的仲裁协议，而作为非仲裁协议当事方的案外人，并没有与仲裁当事人进行仲裁的意思表示，因而没有参与仲裁的权利或义务。[①] 因此，案外人无权质疑仲裁裁决。二是仲裁的秘密性。仲裁一般不公开进行，仲裁高度的秘密性造成案外人无法参加仲裁，信息的不对称使案外人无从得知自身权利可能遭受侵害。三是仲裁机构的独立性以及仲裁裁决的终局性。这一特性使仲裁独立于司法权力，具有安定性，并呈现出相对于诉讼的高效率。若允许案外人通过司法程序质疑仲裁裁决，就可能与仲裁的独立性与终局性产生冲突。

（二）案外人质疑仲裁裁决的正当性

1. 侵害必有救济机会的原则

仲裁当事人基于自愿达成仲裁协议，从而产生将当事人间纠纷提交仲裁的约束力，仲裁庭据此排除法院的管辖及干涉；同时，仲裁裁决具有一裁终局的特征，法院也不能根据仲裁当事人对于实体问题的异议对裁决内容进行实质性审查。但是，这种法院的非实体性监督仅限于仲裁当事人之间，当案外人的利益受到既有仲裁裁决的侵害时，根据程序法上的“有侵害，就应有救济机会”的原则，案外人理应获得质疑相应仲裁裁决的救济机会。这和公共利益受到侵害一样，应当是法院对仲裁裁决内容进行实质审查的正当性基础。

例如，有学者认为，司法对仲裁的干预绝非没有限制，而是有严格的适用条件：只有当程序性事项违法，抑或裁决结果损害了公共利益、案外人合法权益时，法院才有权撤销仲裁裁决。仲裁庭在行使仲裁权的过程中，特别是所作出的仲裁裁决的结果可能影响到第三方，为了维护其合法权益，须通过某种事后程序性保障解决与其相关的实体问题。在支持裁决损害案外人权益时，案外人可以提出攻击原裁决的请求来维护自身的合法权益。[②]

2. 仲裁协议扩张理论

仲裁协议扩张理论的发展以及运用，也从另一个角度支持了权利受到侵害的案外人有权质疑仲裁裁决的观点。仲裁协议扩张理论即仲裁协议不仅约束签署协议方，其效力亦向第三方扩张。其实质在于突破仲裁协议形式上的合意，寻求当事人双方或三方实质上的合意。该理论直接渊源于合同相对性原则例外

① 林一飞：《论仲裁与第三人》，载《法学评论》2000年第1期。

② 李昌超、霍柯言：《仲裁案外人权利救济体系探赜》，载《山西师大学报（社会科学版）》2014年第3期。

规则的设立。[①] 仲裁协议扩张的具体形式是：A. 代理人或者第三方受益人；B. 转让、合同更新；C. 因法律继承；D. 因提及而将仲裁条款并入；E. 母子公司的关联等。[②] 这一理论在司法实践中得到运用，1999 年美国第十一巡回上诉法院认定在特定情况下支持仲裁协议的未签署方提出的仲裁请求[③]。我国立法对仲裁协议效力扩张的某些具体形式也有规定，如《最高人民法院关于适用〈中华人民共和国仲裁法〉若干问题的解释》第八条和第九条的规定，均表明仲裁协议的效力并不局限于在仲裁协议上签署姓名或者盖章的当事方，在合同上的权利和义务发生承继或债权债务全部或部分转移的情况下，仲裁协议对接受权利或义务的当事人具有约束力。

可见，根据仲裁协议扩张理论，仲裁庭为查清事实及厘清责任，在仲裁过程中可以追加第三人参加仲裁。未签订仲裁协议但可以加入仲裁程序的第三人，通常是利益会受到仲裁裁决影响的相关方。至于本文所论述的权益受到仲裁裁决侵犯的案外人，本质上也是利益受到仲裁影响的相关方。唯一的不同之处在于，前者是在损害尚未发生时，事前即加入仲裁，从而避免利益受损的结果发生；后者是在损害已发生，进行事后救济时对仲裁裁决进行干预。因此，一定情形下，权益受到仲裁裁决侵害的案外人当然可以获得如同仲裁当事人的地位，通过某种途径对侵害自身权益的仲裁裁决进行质疑。

综上，不论从“有侵害，就应有救济机会”原则的角度，还是从仲裁协议扩张理论的角度，权利受到仲裁裁决侵害的案外人均应通过某种路径，获得质疑仲裁裁决的机会，从而使受损权利有望得到救济。

既然案外人质疑仲裁裁决具有理论上的正当性，那么案外人应当通过怎样的制度来质疑该仲裁裁决，这将是下文要探讨的问题。

---

① 赵健：《长臂的仲裁协议———论仲裁协议对未签字人的效力》，载《仲裁与法律》2000 年第 2 期。

② 王小莉：《仲裁协议效力扩张的主要表现形式及其问题研究》，载《仲裁研究》第 22 辑。

③ 1999 年美国第十一巡回上诉法院认定在特定情况下支持仲裁协议的未签署方提出的仲裁请求：1. 当仲裁条款的签字方利用合同中的实体条款来主张自己对非签署方的权利时，其主张事实上确立了双方之间合同的存在，并且签署方的主张完全来源于合同或者与合同的内容相关；2. 若仲裁条款的签署方主张的权利是针对其他签署方和未签署方在本质上相互依存、不可分割的不当行为而引起的，非签署方可以援引仲裁条款。转引自刘晓红：《仲裁协议效力扩张的法理基础》，载《北京仲裁》2004 年第 1 期。

四、仲裁案外人救济制度的选择与构建

（一）现有理论中的救济路径

现有理论对案外人质疑仲裁裁决的制度构建，主要有三种模式。第一，完善撤销仲裁裁决程序，在立法上赋予案外人申请撤销仲裁裁决的权利。"考虑到案外人尚能适用再审程序对人民法院的生效裁判提出撤销仲裁裁决的诉讼请求，赋予案外人对仲裁裁决申请撤销的权利并无不可，但应当通过立法予以明确。"① 司法实践中，陕西省高级人民法院在一份有关仲裁司法审查的纪要中规定了案外人申请撤销仲裁裁决的制度。2010 年 12 月颁布的《陕西省高级人民法院关于审理涉及国内民商事仲裁案件若干问题的规定》规定，案外人对仲裁裁决书确定的执行标的物主张权利，可以在知道或者应当知道仲裁裁决作出之日起 3 个月内，向仲裁机构所在地的中级人民法院申请撤销。第二，在现有法律规定之外单独设置案外人撤销仲裁裁决之诉。具体来说，是指未能实质参与仲裁程序的仲裁案外人，因实体权益受到生效仲裁裁决的不利影响，得以仲裁当事人双方为共同被告，提起取消该仲裁裁决之诉，请求法院撤销或改变仲裁裁决对其不利之部分，但可循其他法定程序救济者除外。② 第三，完善现行法中的第三人撤销之诉，在立法上将仲裁案外人纳入第三人撤销之诉的保护范围。有学者提出，将仲裁案外人纳入到第三人撤销之诉的保护范围，建立案外第三人撤销仲裁裁决制度，进一步扩大民事诉讼法上第三人撤销之诉的适用范围。③

笔者认为，对于第一种模式，通过完善立法，赋予案外人申请撤销仲裁裁决的权利，确实可以在一定程度上解决案外人权利救济的难题，但是需要进一步考虑案外人能否获得二次救济的问题，这涉及案外人的正当程序权利。仲裁程序本身是对于当事人之间权利义务关系的第一次分配。当事人申请撤销仲裁裁决，实际上是对自身权利状态的第二次分配。当事人在此过程中，有两个不同的权利救济层次。但如果案外人申请撤销，则是案外人对自身实体权利提出

① 全国人大常委会法制工作委员会民法室：《〈中华人民共和国民事诉讼法〉条文说明、立法理由及相关规定》，北京大学出版社 2012 年版，第 227 页。

② 李昌超、霍柯言：《仲裁案外人权利救济体系探赜》，载《山西师大学报（社会科学版）》2014 年第 5 期。

③ 刘东：《论仲裁裁决案外人利益的保护——以案外第三人撤销仲裁裁决之诉为中心的研究》，载《法治研究》2015 年第 2 期。

的第一次救济请求，如果申请被驳回，案外人无权进行二次救济，这无形中削弱和减损了案外人的程序利益。

对于第二种和第三种模式，均是通过构建案外人撤销仲裁裁决之诉来达到权利保护的目的。第二种模式是在立法中单列案外人撤销仲裁裁决之诉，而第三种模式是扩大现有第三人撤销之诉的适用范围，赋予案外人申请撤销仲裁裁决的权利。这两种模式的优点主要有两方面。首先，案外人可以获得改变或者撤销仲裁裁决的机会，权利受到影响的仲裁当事人也可以通过上述程序获得二次救济。其次，仲裁制度不会因此受到太大的冲击。仲裁案外人通过这两种模式撤销的，只是发生错误的部分裁决内容，而非对整个裁决书的否定。对于没有发生错误的部分，在仲裁当事人之间继续有效。这有效地防止了司法权对仲裁权的过多干预，将司法权对仲裁的审查维系在合理的限度之内。

究竟应该在立法上单独设立案外人撤销仲裁裁决之诉，还是通过完善现有的第三人撤销之诉，赋予案外人申请撤销仲裁裁决的权利，这涉及不同立法模式的选择，可以从比较法的视角加以分析。

（二）比较法上的第三人撤销之诉

法国仲裁案外人权利保护较为完善。法国民事诉讼法第五百八十二条至五百九十二条对第三人撤销诉讼制度进行了规定。按照讼争内容不同，法国第三人撤销之诉分为两类：一是指向系争判决主文，以撤销系争判决主文为目标之第三人撤销之诉；二是以确认系争判决无理由性为目标之第三人撤销之诉，即以判决理由为争讼点。

以撤销系争判决主文为目标之第三人撤销之诉的主体为对其攻击之判决有利益存在，且未在该判决程序中充当当事人或借由代理参与该程序之任何第三人。第三人撤销诉讼的客体为所有判决，无论其系诉讼或非讼事件者，亦无论其系终局或暂时性者，但中间判决不包括在内。对于仲裁判断亦可提起第三人撤销之诉，但不可以法国仲裁判断之执行许可宣告为对象。①

以确认系争判决无理由性为目标之第三人撤销之诉之主体，首先应是不能是判决主文的效力所及之人，其次还有符合“利益”要件，判断标准是判决当事人是否将对该第三人提起诉讼，如盖然性较高，自具有利益。

第三人撤销之诉的起诉方式，分为独立起诉及在其他诉讼中为中间请求。

① 姜世明：《概介法国第三人撤销诉讼》，载《法学杂志》2005 年第 11 期。

前者对于两种第三人撤销之诉都可运用；后者则原则上仅包括对主文要求撤销之第三人撤销之诉。

第三人撤销之诉为特别救济程序，因而第三人提起该种诉讼并不当然发生执行停止的效果。只有第三人撤销诉讼被认为有理由者，对于裁判中关于损害该第三人之处，会被撤销或变更。

需要注意的是，法国第三人撤销之诉的客体既包含判决、裁定，也包含仲裁裁决，并未区别对待。从立法的系统性及诉讼便利性的角度，设置一种制度能够同时解决多个问题的立法模式，应优于分设多种制度来解决问题的立法模式。当然，这只是法国的立法经验。我国的第三人撤销之诉可否将客体扩张至仲裁裁决，这需要继续分析。

（三）扩展我国第三人撤销之诉适用范围的可行性

我国2012年修改民事诉讼法时增设了第三人撤销之诉，即第三人因不能归责于本人的事由未参加诉讼，但有证据证明发生法律效力的判决、裁定及调解书的部分或全部内容错误，损害其民事权益的，可以向人民法院提起诉讼。我国第三人撤销之诉在立法上借鉴了法国法中第三人撤销之诉的规定，但是显然并不完全一致，例如我国第三人撤销之诉的客体不包括仲裁裁决。

如上文所述，根据现有理论及域外法的经验，案外人可以通过第三人撤销之诉实现权利救济。那么，我国的第三人撤销之诉是否可以将仲裁裁决纳入客体范围之内，从而使仲裁案外人获得权利救济的机会？笔者将从以下几个方面加以分析。

第一，从功能来看，我国建立第三人撤销之诉制度意在防止诉讼双方当事人恶意串通、通过诉讼损害第三人权利的情形。① 而本文所探讨的案外人撤销仲裁裁决之诉也是为了打击虚假仲裁、恶意仲裁等侵害仲裁案外人的合法权益的现象，维护仲裁案外人的合法权益。所以，从制度功能的角度来看，将仲裁裁决纳入第三人撤销之诉的客体范围之内与第三人撤销之诉本身具有一致性。

第二，从性质来看，我国第三人撤销之诉是为没有参加诉讼的案外人提供的特殊性事后救济途径，不需要案外人因为生效法律文书已经实际发生了损害的后果。本文探讨的案外人撤销仲裁裁决之诉，显然也是一种事后救济途径，仲裁案外人不能参与到仲裁审查过程之中，也不需要案外人因为仲裁裁决已经

---

① 江伟主编：《民事诉讼法典专家修改建议稿及立法理由》，法律出版社2008年版，第319页。

实际发生了损害后果，只要求案外人有证据证明仲裁裁决的部分或全部内容错误，有损害其权益的可能。所以，从制度的性质角度来看，将仲裁裁决纳入我国第三人撤销之诉的客体范围之内与第三人撤销之诉具有一致性。

第三，从程序保障的角度来看，第三人撤销之诉属于特殊救济途径，应归属于再审的范畴[①]，第三人撤销之诉实质上就是再审主体范围对第三人的开放。当事人对裁决不服的，可以上诉，也就是说案外人及诉讼当事人可以获得二次救济的机会。由于仲裁的自愿性与私密性，仲裁案外人对于仲裁裁决损害其权益的情形通常不易知晓。当损害发生时，只有否定生效法律文书效力，更有利于保护案外人的实体利益。此时，不管是仲裁案外人还是仲裁当事人，获得二次救济的机会非常重要，否则，会在无形中削弱和减损案外人和仲裁当事人的程序利益。因此，从获得二次救济的程序保障角度，将仲裁裁决纳入我国第三人撤销之诉的客体范围之内是合理的。

第四，从维护生效裁决稳定性的角度来看，第三人撤销之诉制度通过对主体、客体的限定，以维护已经生效判决书、裁定书及调解书的稳定性。第三人撤销之诉的主体是诉讼中有独立请求权第三人或无独立请求权第三人，即与案件处理结果有法律上的利害关系，因不能归责于本人的事由未参加诉讼。客体为判决、裁定的主文，调解书中处理当事人民事权利义务的结果。为了维护仲裁的终局性与独立性，本文所探讨的案外人撤销仲裁裁决之诉的主体与客体亦适当应控制在适当的范围。主体应限制为“与仲裁裁决有法律上利害关系的仲裁案外人”，客体应限制为“仲裁裁决主文”，仲裁裁决确认的事实损害案外人利益的情形不在本制度适用范围之内。因此，从维护生效裁决稳定性的角度来看，将仲裁裁决纳入我国第三人撤销之诉的客体范围之内是合理的。

基于以上分析，由于在功能、性质以及程序保障等方面的一致性，案外人撤销仲裁裁决之诉与我国民事诉讼法上的第三人撤销之诉并不冲突，因此可以从立法上将我国的第三人撤销之诉客体扩展至仲裁裁决，从而使符合条件的案外人获得撤销仲裁裁决的权利。

五、现有法律框架下裁判者的权宜之计

前文从立法论的角度探讨如何构建仲裁案外人权益受损的救济路径，但在

① 张卫平：《中国第三人撤销之诉的制度构成与适用》，载《中外法学》2013 年第 1 期。

立法尚未将仲裁裁决增设为第三人撤销之诉的客体时，司法实践中法官该如何作为？

笔者认为，在现有法律框架下，法官可尝试的方法是：从解释论的角度，基于公共利益概念的“不确定性”及“开放性状态”，运用自由裁量权，对不予执行或者撤销仲裁裁决程序中公共利益条款中“公共利益”进行扩大解释，将损害第三人合法权益视为损害公共利益的情形，从而主动适用公共利益条款，否定侵害案外人权利的仲裁裁决的法律效力。

需要考虑的是，这种通过对公共利益的扩大解释保护案外人权益的方法能否被不予执行或者撤销仲裁裁决制度兼容。立法者在设置不予执行仲裁裁决及撤销仲裁裁决程序时，即认为该程序“对仲裁案外人的救济也是有价值的”。因此，法院适用不予执行或者撤销仲裁裁决来保护案外人权益并不违背的上述制度的设计初衷。

需要注意的是，适用此种途径救济案外人利益必须同时满足两个前提条件：一是仲裁当事人已经提出了不予执行或者撤销仲裁裁决，司法审查程序已经开启；二是法官在司法审查过程中，知晓案外人的权益遭受损害。可见，案外人对自身权益的保护完全仰赖于仲裁当事人及法院法官的作为，这也是此种救济方式的局限所在。具体来说，一是仲裁当事人并一定会提出不予执行或者撤销仲裁裁决的程序，尤其对于仲裁当事人恶意串通，损害案外人权益的情况，仲裁当事人一般会自动履行仲裁裁决，不会向法院申请对仲裁裁决进行司法审查。二是由于公共利益概念的“不确定性”“开放性状态”，使得法官对于个案的判断具有不确定性。三是由于仲裁的私密性，法官客观上常常无法知晓案外人的利益被侵害的事实，主动审查也就无从谈起。所以说，法官主动审查仲裁裁决是否侵害案外人利益的方法只是现有条件下的权宜之计。

[新类型疑难案例选评]

丰岛株式会社与山东省高密市华裕纺织有限公司申请承认与执行外国仲裁裁决案

朱　科*

【裁判要旨】

人民法院适用《承认及执行外国仲裁裁决公约》审查承认和执行外国仲裁裁决时，被申请人以仲裁协议效力提出抗辩的，人民法院应根据公约第五条第一款（甲）项的规定确定仲裁协议效力的准据法。在此过程中，主张该仲裁协议无效的被申请人负有相应的举证责任。

【案情及裁判】

2010年12月10日，丰岛株式会社与华裕公司签订原棉买卖合同一份，合同号为MX-SGH11-01ANJ，由丰岛株式会社向华裕公司销售约300吨的墨西哥原棉，单价为123.50美分/磅（272.27美分/公斤），销售代理为ACROSS NATION，并约定了“ICA RULES AND ARBITRATIONS”的条款内容。

2011年3月24日，丰岛株式会社与华裕公司签订原棉买卖合同一份，合同号为MX-SGH11-02ANJ，由丰岛株式会社向华裕公司销售约400吨的墨西哥原棉，单价为154美分/磅（339.51美分/公斤），销售代理为ACROSS NATION，并约定了“ICA RULES AND ARBITRATIONS”的条款内容。

* 作者单位：最高人民法院民四庭。

2011年5月27日，丰岛株式会社与华裕公司签订原棉买卖合同一份，合同号为BZ－SGH10－02ANJ，由丰岛株式会社向华裕公司销售约100吨的巴西原棉，单价为141.50美分/磅（311.95美分/公斤），销售代理为ACROSS NATION，并约定了“ICA RULES AND ARBITRATIONS”的条款内容。

2011年2月22日，丰岛株式会社与华裕公司签订原棉买卖合同一份，合同号为AT－SGH11－01ANJ，由丰岛株式会社向华裕公司销售约300吨的美国原棉，单价为143美分/磅（315.26美分/公斤），销售代理为ACROSS NATION，并约定了“ICA RULES AND ARBITRATIONS”的条款内容。

2012年5月21日，丰岛株式会社向国际棉花协会有限公司提起仲裁申请，并指定Authur Aldcroft先生作为丰岛株式会社方仲裁员，国际棉花协会有限公司通过传真和特快专递方式，通知华裕公司该协会已经收到丰岛株式会社提出的仲裁请求，且丰岛株式会社已指定仲裁员，要求华裕公司在收到本通知函后14日内指定仲裁员。2012年6月13日，国际棉花协会有限公司通过传真和快递邮寄的方式通知华裕公司，因其未指定仲裁员，国际棉花协会有限公司主席指定Armand Ezerzer先生为华裕公司方仲裁员。2012年6月22日，国际棉花协会有限公司通过传真和快递邮寄的方式通知华裕公司，协会总裁任命Ian Magrane先生为首席仲裁员，并提示华裕公司应在适当时候提交答辩状。2012年7月9日，国际棉花协会有限公司通过传真和快递邮寄的方式通知华裕公司，其已经收到丰岛株式会社的索赔明细，并要求华裕公司在指定期限内提交答辩并支付费用。2012年8月30日，国际棉花协会有限公司通过传真和快递邮寄的方式向华裕公司发出通知，要求华裕公司在延长期限内提交答辩意见，否则，仲裁庭将依据国际棉花协会有限公司章程的规定如期裁决。2012年10月24日，国际棉花协会有限公司通过传真和快递邮寄的方式向华裕公司发出通知，要求华裕公司针对丰岛株式会社提出的意见书在指定时间内予以回复。2012年12月11日，国际棉花协会有限公司通过传真和快递邮寄的方式向华裕公司发出通知，要求华裕公司针对丰岛株式会社提出的意见书在指定时间内予以回复。2013年4月5日，国际棉花协会有限公司通过传真和快递邮寄的方式通知华裕公司，仲裁庭将于2013年4月10日作出仲裁裁决，裁决书将在任何一方当事人交纳剩余费用后予以公布，丰岛株式会社未提供该份通知快递邮寄的交寄和送达证明。2013年4月11日，国际棉花协会有限公司通过传真和快递邮寄的方式通知华裕公司，仲裁庭已于2013年4月10日作出仲裁裁决并加盖公章生效，华裕公司应于2013年5月8日当日或之前上诉，并说明仲裁裁决书在拖欠款项结清前不得公布，丰岛株式会社未提供该份通知快递邮寄的交寄和送达证明。2013年4月26日，国际棉花协会有限公司通过传真和快递邮寄的方式通知华裕公司，因拖欠的仲裁费用已经收到，裁决书予以公布，华裕公司应于2013年5月8日当日或之前上诉。2013年5月9日，国际棉花协会有限公司通过传真和快递邮寄的方式通知华裕公司，因该协会未在2013年5月8日前收到华裕公司的上诉文件，华裕公司的上诉权利已丧失，丰岛株式会社未提供该份通知快递邮寄的交寄和送达证明。国际棉花协会有限公司通过联邦快递通知高密华裕纺织公司的地址与本案丰岛株式会社与华裕公司签订的四份原棉销售合同中华裕公司的地址一致。国际棉花协会有限公司通过传真向华裕公司发送的各项通知均显示未能有效送达，另查，国际棉花协会有限公司向华裕公司发送通知和文件的传真号码系个人用户号码，无法确定与本案华裕公司的关联性。

2013年4月10日，国际棉花协会有限公司作出的仲裁裁决书（注：没有编号）裁决如下：

有关2010年12月10日的合同（NO. MX-SGH11-01ANJ）

（1）买方应按照每磅94.00美分的单价，就净重300吨、661380磅的整个合同数目向卖方回开发票。

（2）按照上述指示，买方应向卖方支付款项195107.10美元，作为上述净重300吨、661380磅的合同价值和2012年2月28日的市场价值之间的差异。

（3）买方应向卖方支付款项16316.83美元，作为上述款项195107.10美元按照年利率7.5%计算的2012年2月28日至2013年4月10日（即本裁决日）的利息。

有关2011年2月22日的合同（NO. AT-SGH11-01ANJ）

（4）买方应按照每磅97.00美分的单价，就净重300吨、661380磅的整个合同数目向卖方回开发票。

（5）按照上述指示，买方应向卖方支付款项304234.80美元，作为上述净重300吨、661380磅的合同价值和2012年2月28日的市场价值之间的差异。

（6）买方应向卖方支付款项25443.20美元，作为上述款项304234.80美元按照年利率7.5%计算的2012年2月28日至2013年4月10日（即本裁决日）的利息。

有关2011年3月24日的合同（NO. MX-SGH11-02ANJ）

（7）买方应按照每磅94.00美分的单价，就净重400吨、881840磅的整个合同数目向卖方回开发票。

（8）按照上述指示，买方应向卖方支付款项529104.00美元，作为上述净重400吨、881840磅的合同价值和2012年2月28日的市场价值之间的差异。

（9）买方应向卖方支付款项44249.04美元，作为上述款项529104.00美元按照年利率7.5%计算的2012年2月28日至2013年4月10日（即本裁决日）的利息。

有关2011年5月27日的合同

（10）买方应按照每磅96.00美分的单价，就净重50吨、110230磅的整个合同数目向卖方回开发票。

（11）按照上述指示，买方应向卖方支付款项50154.65美元，作为上述净重50吨、110230磅的合同价值和2012年2月28日的市场价值之间的差异。

（12）买方应向卖方支付款项4194.44美元，作为上述款项350154.65美元按照年利率7.5%计算的2012年2月28日至2013年4月10日（即本裁决日）的利息。

（13）另外，买方应向卖方支付（2）、（3）、（5）、（6）、（8）、（9）、（11）和（12）各款项的累计总额1168804.06美元按照超过纽约优惠利率或如果合适的话，计算的平均值4.25（四点二五）个百分点的利率计算的，2013年5月1日起至向卖方支付总额之日为止的利息。

审理中，双方当事人对“ICA RULES AND ARBITRATIONS”的条款含义持不同意见，丰岛株式会社认为ICA在本案中含义明确，是指国际棉花协会有限公司；华裕公司则认为，ICA在国际商事仲裁领域有多个含义，如印度仲裁院的官方名称为India Council of Arbitration，简称为ICA，国际商事仲裁的英文为International Commercial Arbitration，ICA是其常用简称和通称。丰岛株式会社还出具了由涉案原棉销售合同的代理商出具的证明，该证明载明，2009年开始，ACROSS NATION LIMITED代理或协助丰岛株式会社向全国棉花生产企业销售棉花，自2010年至2011年，ACROSS NATION LIMITED代理丰岛株式会社向华裕公司销售棉花，各方签署的原棉销售合同中含“ICA RULES AND ARBITRATIONS”，其中ICA指的是国际棉花协会有限公司，且境内外棉花企业选择国际棉花协会有限公司作为仲裁机构是国际棉花贸易中的交易惯例。

山东省潍坊市中级人民法院经合议庭评议及该院审判委员会研究，拟不予承认与执行该仲裁裁决，并将该意见报请山东省高级人民法院（以下简称山东高院）审查。

山东高院认为，丰岛株式会社申请承认与执行的仲裁裁决由国际棉花协会有限公司在英国境内作出，国际棉花协会有限公司所在地在英国（地址：英国利物浦交易旗舰广场沃克大厦6楼），仲裁地也在英国。中国与英国均是《承认及执行外国仲裁裁决公约》（以下简称《纽约公约》）的成员国，因此，涉案仲裁裁决是否可以得到承认和执行，应当根据《中华人民共和国民事诉讼法》第二百八十三条以及《纽约公约》的相关规定进行审查。根据华裕公司在本案中的抗辩意见，其请求不予承认与执行的理由涉及三个方面：一是丰岛株式会社提交的文书不符合《纽约公约》的规定；二是双方对仲裁机构约定不明，ICA是多个仲裁机构的简称，不能认定仲裁条款中的ICA就是国际棉花协会有限公司；三是国际棉花协会有限公司在仲裁过程中未向其有效地送达各种通知及文书。经审查，丰岛株式会社提交的文件和国际棉花协会有限公司提供的双重送达手续中的邮寄送达手续均符合《纽约公约》的规定，华裕公司的抗辩理由一和三不成立，不能以此裁定不予承认与执行。但是，关于华裕公司主张的不予承认与执行的理由第二项，该院在审查中存在不同认识。

合议庭多数人认为，当事人对于该项的争议，涉及双方是否约定了仲裁机构，实质是仲裁协议效力之争。根据当事人签订的原棉买卖合同，其第五条为仲裁的约定，双方当事人间存在仲裁条款，因此，应当适用《纽约公约》第五条第一款（甲）项规定对仲裁条款的效力进行审查。由于本案双方当事人没有约定仲裁所适用的法律，且国际棉花协会有限公司已经实际作出仲裁裁决，因此对仲裁协议效力的审查应当依据仲裁地英国的法律进行。《英国仲裁法》中并没有仲裁机构约定不明确，仲裁协议无效的规定。根据《英国仲裁法》第三十条（仲裁庭决定自己管辖的权限），除非当事人另有约定，仲裁庭可以裁定其实体管辖权，亦即关于是否存在有效的仲裁协议的规定，国际棉花协会有限公司有权自行确定该仲裁协议是否有效。华裕公司对此的对抗措施应当按照《英国仲裁法》第三十一条（对仲裁庭实体管辖权的异议）的规定向仲裁庭或者按照第三十二条（管辖权初步问题的决定）向法院就仲裁协议效力或者仲裁庭有无管辖权提出异议或者提起诉讼。由于华裕公司未在上述程序中进行任何行为，按照《英国仲裁法》第七十三条（异议权之丧失）的规定，华裕公司已无权就仲裁协议效力提起异议或诉讼，即依照《英国仲裁法》，国际棉花协会有限公司作出的本案所涉仲裁裁决为有效裁决。

尽管华裕公司主张 ICA 是多个仲裁机构的缩写，但依据其审理中的确切主张，涉及 ICA 简称的只有国际棉花协会有限公司和印度仲裁院，国际商会国际仲裁院的简称是 ICC 而不是 ICA，但当事人间订立的为棉花买卖协议，签订地、履行地、价款支付地均不在印度，双方当事人均没有在印度注册或存在办事机构，并且只有国际棉花协会有限公司有交易规则，符合仲裁条款中 ICA RULES 的约定，印度与本案无论在哪个方面均不存在联系，因此，该仲裁条款中 ICA 的约定是明确的，应为国际棉花协会有限公司，并不存在华裕公司主张的仲裁机构约定不明。因此，根据上述两点，国际棉花协会有限公司作出的裁决不存在依据《纽约公约》第五条第一款（甲）项规定审查后无效的情形。应当对案涉仲裁裁决书予以承认和执行。

合议庭少数人认为，ICA 为多个仲裁机构的缩写是不争的事实，无法根据合同中“ICA RULES AND ARBITRATINGS”的约定确定仲裁机构。由于当事人没有约定仲裁适用的法律，也没有约定仲裁地和仲裁机构，尽管国际棉花协会有限公司已经作出仲裁裁决，但当事人对仲裁协议是否有效存在争议，且华裕公司未去参加仲裁，因此不能认定英国为仲裁地或仲裁机构所在地，在当事人没有约定且无法判断仲裁地和仲裁机构地的情况下仍可以依法院地法确定仲裁协议的效力。本案无法认定当事人双方已就仲裁适用法律和仲裁地或仲裁机构约定一致，根据《中华人民共和国仲裁法》第十六条、第十八条的规定，本案仲裁协议无效，应不予承认和执行国际棉花协会有限公司于 2013 年 4 月 10 日作出的仲裁裁决书。

山东高院将上述意见报请最高人民法院。

最高人民法院认为，本案系当事人申请承认及执行外国仲裁裁决的案件，案涉仲裁裁决由国际棉花协会有限公司在英国境内作出，我国和英国均为《纽约公约》的缔约国，根据《中华人民共和国民事诉讼法》第二百八十三条的规定案涉仲裁裁决的承认及执行应当依照《纽约公约》的相关规定进行审查。

根据山东高院的请示，本案争议的核心问题为案涉仲裁裁决是否存在《纽约公约》第五条第一款（甲）项所规定的应予拒绝承认及执行之情形。《纽约公约》第五条第一款（甲）项规定，仲裁协议的当事人依对其适用之法律有某种无行为能力情形者，或该项协定依当事人作为协定准据之法律系属无效，或未指明以何法律为准时，依裁决地所在国法律系属无效者，则应拒绝承认及执行仲裁裁决。根据请示所述的事实，双方当事人在原棉买卖合同中订有“ICA RULES AND ARBITRATIONS”的条款，未约定确认仲裁协议效力的准据法，而被申请人没有提供证据证明根据裁决地所在国即英国的法律案涉仲裁协议是无效的。因此，本案不存在《纽约公约》第五条第一款（甲）项规定应不予承认及执行的情形。请示报告中少数意见以仲裁机构约定不明为由，依据我国法律认定案涉仲裁协议无效缺乏法律依据。

综上，同意山东高院关于国际棉花协会有限公司作出的案涉仲裁裁决不存在《纽约公约》第五条第一款（甲）项规定的拒绝承认及执行情形的多数意见。

［评析］

承认及执行外国仲裁裁决案件中仲裁协议效力的认定

本案主要涉及在当事人申请承认及执行外国仲裁裁决阶段，人民法院对仲裁协议效力认定的一些问题，对正确理解与适用《纽约公约》第五条第一款（甲）项具有一定的指导意义。

一、关于涉外仲裁协议效力准据法的确定

实践中，人民法院审理涉外仲裁司法审查案件，主要涉及以下几种情形：①确认涉外仲裁协议的效力；②对境内仲裁裁决，审查是否撤销、是否执行；③对境外仲裁裁决，审查是否认可（或承认）和执行。前述几种情形均可能涉及对仲裁协议效力的认定，而认定仲裁协议的效力首先需要确定的就是协议效力的准据法，但是上述几种情形中确定准据法所适用的冲突规范并不完全相同，适用结果也不相同。人民法院需要根据具体的情形选择所适用的法律。

司法实践中，对于当事人申请确认涉外仲裁协议效力的案件，人民法院适用的是我国法律规定的冲突规范。对于当事人申请承认和执行外国仲裁裁决的案件，如果该外国是《纽约公约》的成员国，人民法院适用的是《纽约公约》中规定的冲突规范，而非我国法律规定的冲突规范。我国法律规定的冲突规范见《中华人民共和国涉外民事关系法律适用法》（以下简称《法律适用法》）及《最高人民法院关于适用〈中华人民共和国涉外民事关系法律适用法〉若干问题

的解释（一）》（以下简称《法律适用法的解释》）。①《法律适用法》第十八条规定："当事人可以协议选择仲裁协议适用的法律。当事人没有选择的，适用仲裁机构所在地法律或者仲裁地法律。"《法律适用法的解释》第十四条规定："当事人没有选择涉外仲裁协议适用的法律，也没有约定仲裁机构或者仲裁地，或者约定不明的，人民法院可以适用中华人民共和国法律认定该仲裁协议的效力。"上述规定所明确的准据法确定顺序依次为：当事人约定的准据法、仲裁机构所在地法或仲裁地法、法院地法。《纽约公约》第五条第一款（甲）项则规定："仲裁协议的当事人依对其适用之法律有某种无行为能力情形者，或该项协定依当事人作为协定准据之法律系属无效，或未指明以何法律为准时，依裁决地所在国法律系属无效者，则应拒绝承认及执行仲裁裁决。"该规定明确，以仲裁协议无效为由拒绝承认及执行仲裁裁决时，仲裁协议效力的准据法确定顺序依次为：当事人约定的准据法、裁决作出地所在国法。

两者最大的区别是在申请确认涉外仲裁协议效力案件中，如果当事人没有选择仲裁协议效力的准据法，也没有约定明确的仲裁机构或仲裁地，人民法院应当适用法院地法即我国的法律对仲裁协议效力作出认定。而根据《纽约公约》的规定，在当事人没有选择仲裁协议效力准据法的情况下，应当根据裁决作出地（国际上普遍认为裁决作出地即为仲裁地）的法律对仲裁协议效力作出认定。由于此类案件的仲裁裁决已经作出，仲裁地是很容易确定的，故在当事人无约定时，适用仲裁地法即可。由此可见，对于同一项仲裁协议，适用不同的冲突规范，所得的结论很可能不同。适用我国法律的冲突规范后就有可能适用法院地法即我国仲裁法来确定仲裁协议的效力，但若适用《纽约公约》第五条第一款（甲）项中的冲突规范，就没有法院地法适用的余地。

本案为仲裁裁决作出后当事人申请承认和执行该仲裁裁决的案件，被申请人主张案涉仲裁裁决不予承认和执行的理由之一即为"仲裁机构约定不明导致仲裁协议无效"。根据请示报告所述的事实，案涉仲裁裁决系在英国由ICA（国际棉花协会有限公司）作出，我国与英国均系《纽约公约》的缔约国，故应根据《纽约公约》的相关规定进行审查。请示报告中的少数意见没有依据《纽约公约》，而是依据我国法律规定的冲突规范来确定审查本案仲裁协议效

① 《法律适用法》自2011年4月1日起施行，仲裁协议签订于该日期之前的，适用《最高人民法院关于适用〈中华人民共和国仲裁法〉若干问题的解释》第十六条的规定，而不适用《法律适用法》的相关规定。

力的准据法有所不当。

二、关于《纽约公约》第五条第一款所列情形的举证责任

《纽约公约》第五条第一款明确："裁决唯有于受裁决援用之一造向申请承认及执行地之主管机关提具证据证明有下列情形之一时，始得依该造之请求，拒予承认及执行。"该规定有两层含义：一是法院依被申请人的请求拒予承认及执行外国仲裁裁决时，审查事由仅限公约第五条第一款所列的五种情形；二是该五种情形需由被申请人证明存在，被申请人举证不能的，将承担不利后果。

本案中，被申请人主张案涉仲裁协议无效，则应由其证明在适用英国法的情况下该协议无效，法院无需主动认定在适用英国法的情况下该协议有效。现被申请人未能举证证明，故本案不存在《纽约公约》第五条第一款（甲）项所规定的情形，不应以仲裁协议无效为由拒予承认及执行案涉仲裁裁决。

三、关于案涉仲裁条款中仲裁机构是否明确

本案当事人主张仲裁机构约定不明导致仲裁协议无效。由于本案是适用英国的法律认定仲裁协议的效力，故并不涉及仲裁机构约定是否明确的问题，但是案涉机构ICA是否明确也值得分析。

虽然脱离合同上下文判断ICA这一简称所指代的机构，在不同场合会有多种解释，但是结合本案的合同与交易背景，仲裁条款"ICA RULES & ARBITRATIONS"中约定的ICA可以确定为国际棉花协会有限公司。首先，合同的标的是棉花。在棉花国际买卖中，ICA作为国际棉花协会（International Cotton Association）的简称，为棉花交易商所熟知。在棉花国际买卖中使用ICA作为简称指代其他机构，应当特别明确指出，否则不合常理。其次，合同关于"ICA RULES AND ARBITRATIONS"的约定出现在合同有关权利义务约定的"Terms"项下。国际棉花协会制定有"ICA Bylaws & Rules"，即"国际棉花协会章程和规则"（以下简称章程规则）。该章程规则是关于国际棉花贸易的知名商业规则，为世界上多数棉花国际买卖合同所援引。并且，在国际棉花贸易领域，不存在其他更广为人知的ICA简称所指代的机构制定有棉花国际买卖商业规则，因此除非有其他明确所指，国际棉花买卖合同权利义务条款中的"ICA RULES"作为一个整体，应当特指"国际棉花协会章程和规则"。因此，仲裁协议中的ICA是明确的仲裁机构。

[民事诉讼法司法解释理解与适用]

第二百零八条 [修改]

人民法院接到当事人提交的民事起诉状时，对符合民事诉讼法第一百一十九条的规定，且不属于第一百二十四条规定情形的，应当登记立案；对当场不能判定是否符合起诉条件的，应当接收起诉材料，并出具注明收到日期的书面凭证。

需要补充必要相关材料的，人民法院应当及时告知当事人。在补齐相关材料后，应当在七日内决定是否立案。

立案后发现不符合起诉条件或者属于民事诉讼法第一百二十四条规定情形的，裁定驳回起诉。

【条文主旨】

本条是根据民事诉讼法第一百一十九条、第一百二十三条作出的登记立案程序的规定。修改《92年意见》第139条的规定，保留了“立案后发现起诉不符合条件的，裁定驳回起诉的”的内容。

【条文理解】

《中共中央关于全面推进依法治国若干重大问题的决定》将立案审查制改为立案登记制，意义重大，体现了党充分运用法治思维和法治方式解决社会矛盾纠纷、畅通矛盾纠纷化解渠道、发挥人民法院在国家治理体系中的职能作用的理念和决心。各级人民法院要将思想统一到十八届四中全会决定上来，变立案审查制为立案登记制，依法保障当事人诉权，充分发挥人民法院化解社会矛盾作用，切实解决人民群众反映的“立案难”问题。

1. 人民法院立案登记制的基本原则

各级人民法院要以十八届四中全会决定为指针，以宪法和法律为根据，结合人民法院现有审判经验、实际情况制定和实施。实施立案登记制度必须坚持以下基本原则：一是依法保障当事人诉讼权利原则，对当事人符合诉讼法规定条件的起诉，均应登记立案并予以书面回复，坚决杜绝不收取材料、不予答复、不作书面裁定的“三不”现象；二是坚持便利诉讼原则，既要便利当事人参与诉讼，又要方便人民法院公正高效审判；三是公开透明、及时高效原则，将登记、立案等活动纳入群众监督之下，增强司法公信力。

2. 民事诉讼法的规定是立案登记制的法律依据

民事诉讼法第一百一十九条规定："起诉必须符合下列条件：（一）原告是与本案有直接利害关系的公民、法人和其他组织；（二）有明确的被告；（三）有具体的诉讼请求和事实、理由；（四）属于人民法院受理民事诉讼的范围和受诉人民法院管辖。"第一百二十三条规定："人民法院应当保障当事人依照法律规定享有的起诉权利。对符合本法第一百一十九条的起诉，必须受理。符合起诉条件的，应当在七日内立案，并通知当事人；不符合起诉条件的，应当在七日内作出裁定书，不予受理；原告对裁定不服的，可以提起上诉。"第一百二十四条规定："人民法院对下列起诉，分别情形，予以处理：（一）依照行政诉讼法的规定，属于行政诉讼受案范围的，告知原告提起行政诉讼；（二）依照法律规定，双方当事人对合同纠纷自愿达成书面仲裁协议向仲裁机构申请仲裁、不得向人民法院起诉的，告知原告向仲裁机构申请仲裁；（三）依照法律规定，应当由其他机关处理的争议，告知原告向有关机关申请解决；（四）对不属于本院管辖的案件，告知原告向有管辖权的人民法院起诉；（五）对判决、裁定、调解书已经发生法律效力的案件，当事人又起诉的，告知原告申请再审，但人民法院准许撤诉的裁定除外；（六）依照法律规定，在一定期限内不得起诉的案件，在不得起诉的期限内起诉的，不予受理；（七）判决不准离婚和调解和好的离婚案件，判决、调解维持收养关系的案件，没有新情况新理由，原告在六个月内又起诉的，不予受理。"新修订的行政诉讼法第五十一条规定："人民法院在接到起诉状时对符合本法规定的起诉条件的，应当登记立案。对当场不能判定是否符合本法规定的起诉条件的，应当接收起诉状，出具注明收到日期的书面凭证，并在七日内决定是否立案。不符合起诉条件的，作出不予立案的裁定。"该法还对不接受诉状、诉状的补正等问题作了明确规定。上述法律是十八届四中全会后颁布的第一个法律修正案，可以作为我们起草司法解释的依据之一。

3. 登记立案程序

（1）人民法院在接到民事案件起诉状时，对是否符合诉讼法规定起诉条件进行形式审查，符合规定的，应当予以登记立案。

（2）人民法院认为当事人的起诉不符合法律规定条件的，应当释明和指导。能够当场补正的，应当指导当事人当场补正；不能当场补正的，应当书面告知当事人及时补正。当事人补正后，即予以登记立案。不得未经指导和释明即以起诉不符合条件为由不接收诉状。

(3) 对当场不能判定是否符合法律规定的起诉条件的，应当接收起诉状，并出具注明收到起诉状日期的书面凭证，在七日内决定是否登记立案。对不符合起诉条件的，应当在七日内作出不予受理的裁定，载明明确具体的不予受理的理由。在七日内不能确定是否符合起诉条件的，应当先行登记立案，进入审理程序。

(4) 立案后发现不符合起诉条件或者属于民事诉讼法第一百二十四条规定情形的，裁定驳回起诉。

【审判实践中应注意的问题】

立案登记后，政治敏感类、政策敏感类、涉及社会突发、热点敏感案件的起诉，无法回避。政治敏感案件，有针对国家领导人等政治人物、特殊党政单位的起诉等；有特殊主体提起的具有政治目的的起诉，如国际组织提起的具有政治目的的起诉；有诉讼内容涉及民族、宗教、国防、外交、意识形态等重大政治敏感因素的起诉，如针对国家宗教、民族政策等基本政治制度的起诉等。政策敏感类案件，有涉及国家重大政策调整或历史遗留问题等的起诉。社会热点、突发敏感类案件，有涉及国家网监管理行为的案件，如删帖、关闭网站等起诉，如对群体性事件的处置等起诉。这些起诉，如果简单立案登记，极易造成负面政治影响，容易形成连锁反应，影响国家社会安定。人民法院要积极依靠党委政府，做好矛盾化解工作。

第二百零九条 [新增]

原告提供被告的姓名或者名称、住所等信息具体明确，足以使被告与他人相区别的，可以认定为有明确的被告。

起诉状列写被告信息不足以认定明确的被告的，人民法院可以告知原告补正。原告补正后仍不能确定明确的被告的，人民法院裁定不予受理。

【条文主旨】

本条是关于如何认定“明确的被告”的规定。本条系新增加的条文。

【条文理解】

民事诉讼法第一百一十九条第二项规定，“有明确的被告”是原告起诉的条件之一。实践中对于如何判断原告的起诉“有明确的被告”，是多年以来困扰人民法院民事案件立案阶段的一个重要问题；特别在我国当前经济形势下，人口流动频繁，经常发生被告不明确，无法送达、进而无法审判等问题。本条的规定就是对该问题的处理。

1. 本条规定之前的相关法律、司法解释规定

2003 年 12 月 1 日起施行的《简易程序规定》第八条第二项规定“原告不能提供被告准确的送达地址，人民法院经查证后仍不能确定被告送达地址的，可以被告不明确为由裁定驳回原告的起诉”。该规定要求原告必须提供能够送达的被告的地址，该条规定不利于保护原告的诉权。因此，2004 年 12 月 2 日起施行的《关于依据原告起诉时提供的被告住址无法送达应如何处理问题的批复》（法释〔2004〕17 号）对上述规定进行了修正，人民法院依据原告起诉时所提供的被告住址无法直接送达或者留置送达，应当要求原告补充材料。原告因客观原因不能补充或者依据原告补充的材料仍不能确定被告住址的，人民法院应当依法向被告公告送达诉讼文书。人民法院不得仅以原告不能提供真实、准确的被告住址为由裁定驳回起诉或者裁定终结诉讼。该条规定即使被告不能够通过直接送达或者留置送达，人民法院也应该受理，这对于保护原告的诉权明显是一种进步。

2. 本条规定的处理意见：对“有明确的被告”的理解

如果从民事案件实体处理的角度而言，“明确的被告”应包括两个层面的内容：一是形式上有“明确”的可识别的被告，即既要有具体的告诉相对方，明确相对方是谁，又要有具体相对方确切的所在，明确相对方的地址住所，通过身份和空间处所两个要素把相对方固定成为“明确”的被告。二是实质上有合适的“被告”，即不仅要明确告诉相对方形式上的身份（姓名、性别、年龄等），还要明确相对方与原告之间法律关系、法律事实及相关证据。

（1）立案阶段“明确的被告”的形式标准

对于起诉要有具体的告诉相对方，明确相对方的姓名、年龄、性别等形式要素这一点毋庸置疑。而对于是否要有明确的所在，也即是否要明确被告具体、真实的空间处所，实践中存在不同的处理意见。一种意见认为，原告只要提供了“明确的”所在即可；至于这个“明确的”所在是否客观真实，均不影响原告的起诉。另一种意见认为，明确具体且客观的所在是“明确的被告”的基本要素，不可或缺。

对此，本条认为，从民事诉讼法的立法本意而言，确定原告的起诉是否符

合条件中的“有明确的被告”主要在于确定被告的身份能够被识别，从而避免被告同他人的身份相混淆。故只要能够通过姓名、性别、住所等内容将被告独立识别出来，则原告的起诉就是符合条件的，而没有必要要求在识别出来被告之外，原告还必须提供准确无疑的住所，从而能够找到被告，向被告直接送达起诉状。因此，明确被告确切无误的住所并不是民事诉讼法所规定的“明确的被告”之精神。对此，前述法释〔2004〕17号批复中关于人民法院依据原告起诉时所提供的被告住址无法直接送达或者留置送达的进一步处理意见体现的就是上述处理思路，即在原告所提供的被告能够被识别出来的情况下，人民法院应当要求原告补充材料以供人民法院进一步向被告送达起诉状，而对于原告因客观原因不能补充或者依据原告补充的材料仍不能确定被告住址的，人民法院不能裁定驳回起诉或者裁定终结诉讼，而应当依法向被告公告送达诉讼文书。

（2）起诉阶段“明确的被告”不等于适格被告

原告起诉是因为其权利受到侵犯或其权利需要确认，为程序意义上的权利主体；被告被诉则是因为被指控使原告的权利受到了威胁或损害。人民法院在审查立案时只要明确谁是被告就可以了，至于这个被告是不是符合条件的适格被告，在起诉时无须确定，因为被告是否符合条件，一般只有经过实体审理才能确定。也就是说，法律要求“有明确的被告”，该条件的重点在“有”字；至于该被告是否必须是适格的被告，需要人民法院经民事实体审理后才能做出判断。人民法院不能在立案阶段在未经审理的情况下即裁定对于案件不予受理。在原告起诉符合起诉条件的情况下，人民法院如果发现原告的起诉与被告并没有法律关系的，即被告不适格的，应裁定驳回原告的起诉。

综合上述两个方面的分析，在立案阶段，对“有明确的被告”的判断主要考察被告是否符合可识别的标准。从民事诉讼法第一百一十九条和第一百二十一条及本条的规定来看，人民法院在确定是否受理原告起诉的问题上，主要应从被告的身份、住所地两方面去审查；原告是否有证据证明其与被告存在某种法律关系，则不是立案阶段审查的问题，而是审理阶段实体裁判的内容。至于明确的被告，其审查标准在于能否将被告同其他单位或者自然人的身份区别开来。故本条第一款规定了原告在起诉时，必须提交能够证明被告身份的相关材料，如被告的住所、联系方式、身份证或组织机构代码证等，这既便于送达诉讼文书，也便于在执行阶段建立诚信系统。第二款规定了若原告不能提供被告的详细信息，从而无法识别被告身份的，可视同“被告不明确”，人民法院应当通知当事人限期补正，当事人在合理期限内未补正的，可以被告不适格为由裁定不予受理。当然，原告因客观因素限制无法准确提供被告的身份、住所信息的，人民法院可以依职权进行核查。

3. 可识别性标准在实践中的作用

从本条规定来看，原告只要能够通过提供被告的姓名或者名称、住所等信息，使被告与他人相区别，则被告就是能够被识别的，即可以认定为有明确的被告。而对于起诉状列写的被告信息不足以认定明确的被告的，人民法院可以告知其补正。比如，原告起诉张三偿还借款，为此提供了张三系某村的人，但是经人民法院审查，该村有三个张三，而原告并不能明确是哪一个张三向其借款，则在此情况下，人民法院应告知原告予以补正。而如果原告能够提供该张三的身份证号码，则原告的补正是符合被告可区别于他人的可识别标准。如果原告补正后仍不能确定明确的被告的，人民法院则应裁定不予受理。

【审判实践中应注意的问题】

根据本条的要求，只要原告能够提供可以识别的被告的信息，即使其不能提供被告的住所，或者提供的被告的住所并非客观、准确的住所，人民法院也应予以受理。在此情况下，当被告的住所并不明确，且法院查证不能的情况下，人民法院应向当事人释明通过公告方式向被告送达。

另外，在今后人民法院立案采取登记制的情况下，对于案件的实体审理属于立案之后的处理，因此，在立案阶段，无论原告与被告是否实质上具有某种法律关系，即被告是否是适格的被告，均不影响人民法院受理该案。至于人民法院在立案后，经过实体审理，认定原告所起诉的被告不适格，则应裁定驳回原告的起诉，在此情况下则属于人民法院实体审理之后的处理问题。

第二百一十条［修改］

原告在起诉状中有谩骂和人身攻击之辞的，人民法院应当告知其修改后提起诉讼。

【条文主旨】

本条是关于原告在起诉状中有谩骂和人身攻击之辞的案件受理问题的处理规定。本条是对《92年意见》第140条的修改。

【条文理解】

实践中，原告同被告由于已经产生纠纷，冲突往往非常激烈。在原告向人民法院起诉时，这种激烈的冲突往往直接表现在原告所写作的起诉状中的谩骂和人身攻击。对于原告在起诉状中的此种谩骂和人身攻击的语言，其实质上已经构成了侵权责任法所规定的侵权行为，而严重的，则构成犯罪。因此，人民法院作为法律适用机关，应该杜绝此类行为的发生，以免进一步通过诉讼行为产生新的民事纠纷。

对于原告在起诉状中的谩骂和人身攻击，《92 年意见》第 140 条规定，人民法院应当说服其实事求是地修改；但是对于人民法院劝说后，原告仍然坚持不改的，人民法院可以送达起诉状副本。该意见的处理方法实际上是人民法院在明确知悉原告的行为构成侵权的情况下，仍然允许此种侵权行为的发生，显然与人民法院应该承担的社会职能不符。有鉴于此，本司法解释对《92 年意见》的规定进行了修改。

对《92 年意见》中该条内容的修改有不同意见，一种意见认为规定到“告知其修改后提起诉讼”即可，一种意见认为要明确不予受理。本条变更了之前人民法院对于未修改的起诉状予以立案的规定，而要求原告修改之后才能提起诉讼。虽然本条规定并没有明确提出人民法院不予受理的处理，但是其内涵的逻辑是对于存在谩骂和人身攻击之辞的起诉状，人民法院不予登记立案，只有当事人修改之后人民法院才予以立案，否则就不存在“重新提起诉讼”的问题。对于经人民法院要求修改起诉状，原告仍然拒不修改的，则人民法院不予立案；从而本条规定不再如《92 年意见》所规定的那样，在当事人不修改的情况下，仍然向被告送达起诉状副本。

【审判实践中应注意的问题】

原告在起诉状中有谩骂和人身攻击之辞，人民法院不存在向被告送达起诉状副本的问题，而是直接告知原告修改后再行向人民法院提起诉讼，即人民法院对于原告的起诉不予立案。如果经人民法院的告知，原告仍然拒不修改的，人民法院仍然采取不予立案的方式处理。

[最新立法司法动态]

保险公司董事、监事和高级管理人员任职资格管理规定（征求意见稿）

（2017年12月19日）

第一章　总　则

第一条　为了加强和完善对保险公司董事、监事和高级管理人员的管理，保障保险公司稳健经营，促进保险业健康发展，根据《中华人民共和国保险法》（以下简称《保险法》）、《中华人民共和国行政许可法》和有关法律、行政法规，制定本规定。

第二条　中国保险监督管理委员会（以下简称中国保监会）根据法律和国务院授权，对保险公司董事、监事和高级管理人员任职资格实行统一监督管理。

中国保监会的派出机构根据授权负责辖区内保险公司分支机构高级管理人员任职资格的监督管理，但中资再保险公司分公司和境外保险公司分公司除外。

本规定所称保险监督管理机构是指中国保监会及其派出机构。

第三条　本规定所称保险公司，是指经中国保监会批准设立，并依法登记注册的商业保险公司。

本规定所称省级以下分支机构，是指除省级分公司以外的分公司、中心支公司、支公司、营业部。

本规定所称同类保险公司，是指同属财产险类保险公司、同属人身险类保险公司或者同属再保险公司。

本规定所称保险机构，是指保险公司及其分支机构。

专属机构高级管理人员任职资格管理和营销服务部负责人的任职管理，由中国保监会另行规定。

第四条 本规定所称高级管理人员，是指对保险机构经营管理活动和风险控制具有决策权或者重大影响的下列人员：

（一）总公司总经理、副总经理和总经理助理；

（二）总公司董事会秘书、合规负责人、总精算师、财务负责人、审计责任人；

（三）省级分公司总经理、副总经理、总经理助理；

（四）省级以下分支机构负责人，包括分公司、中心支公司总经理、副总经理和总经理助理；支公司、营业部经理；

（五）与上述高级管理人员具有相同职权的管理人员。

第五条 保险机构董事、监事和高级管理人员，应当在任职前取得保险监督管理机构核准的任职资格。

第二章　任职资格条件

第六条 保险机构董事、监事和高级管理人员应当遵守法律、行政法规和中国保监会的有关规定，遵守保险公司章程。

第七条 保险机构董事、监事和高级管理人员应当具有诚实信用的品行、良好的合规经营意识和履行职务必需的经营管理能力。

第八条 保险机构董事、监事和高级管理人员在取得任职资格核准前应当通过保险监督管理机构组织或者认可的保险法规及相关知识测试。

第九条 保险公司董事长应当具有金融工作 5 年以上或者经济工作 10 年以上工作经历。

保险公司董事和监事应当具有 5 年以上与其履行职责相适应的工作经历。

第十条 保险机构高级管理人员应当具有大学本科以上学历或者学士以上学位。

保险公司省级分公司及其以下分支机构拟任高级管理人员符合下列条件之

一的，其学历要求可以放宽至大学专科：

（一）从事保险工作8年以上；

（二）从事法律、会计或者审计工作8年以上；

（三）在金融机构、大中型企业或者国家机关担任管理职务8年以上；

（四）取得注册会计师、法律职业资格或者中国保监会认可的其他专业资格；

（五）拟在西部地区任职的从业人员；

（六）拟在自治州（县）任职的少数民族从业人员。

第十一条 保险公司总经理应当从事金融工作8年以上或者经济工作10年以上，并且具有下列任职经历之一：

（一）担任保险公司省级分公司总经理以上职务高级管理人员5年以上；

（二）担任保险公司部门负责人5年以上；

（三）担任金融监管机构相当管理职务5年以上；

（四）具备其他足以证明其具有拟任职务所需知识、能力、经验的职业资历。

第十二条 保险公司副总经理、总经理助理应当从事金融工作8年以上或者经济工作10年以上。

第十三条 保险公司董事会秘书应当从事金融工作5年以上或者经济工作8年以上。

第十四条 保险公司省级分公司总经理应当从事金融工作5年以上或者经济工作8年以上，并且具有下列任职经历之一：

（一）担任保险公司中心支公司总经理以上职务高级管理人员3年以上；

（二）担任保险公司省级分公司部门负责人以上职务3年以上；

（三）担任其他金融机构高级管理人员3年以上；

（四）担任国家机关、大中型企业相当管理职务5年以上；

（五）其他足以证明其具有拟任职务所需知识、能力、经验的职业资历。

第十五条 保险公司省级分公司副总经理、总经理助理应当从事金融工作5年以上或者经济工作8年以上。

第十六条 保险公司在计划单列市设立的行使省级分公司管理职责的分公司，其高级管理人员的任职条件参照适用第十四条、第十五条规定。

第十七条 保险公司省级以下分支机构负责人应当从事金融工作3年以上

或者经济工作5年以上。

第十八条 保险机构拟任董事长和高级管理人员具有硕士研究生以上学历的，其任职条件中从事金融工作或者经济工作的年限可以减少2年。

第十九条 保险机构主持工作的副总经理或者其他高级管理人员任职资格核准，适用本规定同级机构总经理的有关规定。

第二十条 境外保险公司分公司高级管理人员任职资格核准，适用本规定保险公司总公司高级管理人员的有关规定。

第二十一条 保险机构应当与高级管理人员建立劳动关系，订立书面劳动合同。

第二十二条 保险机构高级管理人员兼任其他经营管理职务不得违反《中华人民共和国公司法》（以下简称《公司法》）等国家有关规定，不得兼任存在利益冲突的职务，并具有必要的时间履行职务。

第二十三条 保险机构董事和高级管理人员兼职不得出现下列情形：

（一）同时担任两家保险公司董事长，但兼任的保险公司同属一家保险集团公司或者保险集团公司董事长兼任子公司董事长的除外；

（二）同时担任同一家保险公司的董事长和总经理；

（三）同时担任同一家保险机构内三个以上高级管理人员职务，但兼任总公司董事会秘书、合规负责人、总精算师、财务负责人和审计责任人等中国保监会规定承担特定职责的人员除外。

第二十四条 保险机构拟任董事、监事或者高级管理人员有下列情形之一的，保险监督管理机构不予核准其任职资格：

（一）《公司法》第一百四十六条和《保险法》第八十二条规定的情形；

（二）被判处其他刑罚，执行期满未逾3年；

（三）被金融监管部门禁止进入市场，期满未逾5年；

（四）被国家机关开除公职，自作出处分决定之日起未逾5年；

（五）申请前2年内受到保险监督管理机构警告或者罚款的行政处罚；

（六）因涉嫌从事违法犯罪活动，被保险监督管理机构或其他有权机关立案调查，尚未作出处理结论；

（七）受到其他行政管理部门重大行政处罚未逾2年；

（八）因严重失信行为被国家有关单位确定为失信联合惩戒对象且应在保险领域实施相应惩戒，或者最近5年内具有其他严重失信不良记录的；

（九）自被金融监管部门认定为不适当人选之日起未逾2年；

（十）中国保监会规定的其他情形。

第二十五条 保险公司整顿、接管期间或者出现重大风险时，负有直接责任的董事、监事或者高级管理人员，在整顿、接管或者重大风险处置期间，不得到其他保险机构担任董事、监事或者高级管理人员。

第三章 任职资格核准

第二十六条 保险机构董事、监事和高级管理人员的任职资格核准申请和本规定要求的相关报告，应当由保险公司、省级分公司或者根据《保险公司管理规定》指定的计划单列市分支机构负责提交。

第二十七条 保险机构应当按要求提交任职资格申请及相关材料。保险机构及其拟任董事、监事和高级管理人员应当对材料的真实性、完整性负责，不得有虚假记载、误导性陈述和重大遗漏。

保险机构在决定聘任董事、监事和高级管理人员前，应按照本规定的要求对拟任人员进行必要的尽职调查，确保拟任人员符合相关规定。

第二十八条 保险机构应当在拟任董事、监事和高级管理人员任职前向保险监督管理机构提交下列书面材料一份，并同时提交有关电子文档：

（一）拟任董事、监事和高级管理人员任职资格核准申请文件；

（二）中国保监会统一制作的董事、监事和高级管理人员任职资格申请表；

（三）拟任董事、监事或者高级管理人员身份证、学历证书等有关证书的复印件，有护照的应当同时提供护照复印件；

（四）拟任董事、监事或者省级分公司总经理助理以上职务高级管理人员的任前调查报告，任前调查报告应当对保险机构就拟任人员是否符合任职资格条件进行调查的过程及结果进行详细记录；

（五）接受反洗钱培训情况报告及本人签字的履行反洗钱义务的承诺书；

（六）任职前在原任职保险公司担任董事、监事或高级管理人员职务，根据中国保监会规定应当进行离任审计的，其原任职保险公司出具的最近一次离任审计报告或者审计意见；

（七）中国保监会规定的其他材料。

第二十九条 保险机构拟任高级管理人员频繁更换保险公司任职的，应当由本人提交两年内工作情况的书面说明，并解释更换任职的原因。

第三十条 保险监督管理机构在核准保险机构拟任董事、监事或者高级管理人员的任职资格前，可以向原任职机构核实其工作的基本情况。

第三十一条 保险监督管理机构可以对保险机构拟任董事、监事和高级管理人员进行任职考察谈话，包括下列内容：

（一）了解拟任人员的基本情况；

（二）对拟任人员需要重点关注的问题进行提示；

（三）中国保监会认为应当考察的其他内容。

任职考察谈话应当制作书面记录，由考察人和拟任人员签字。

第三十二条 保险监督管理机构应当自受理任职资格核准申请之日起20日内，作出核准或者不予核准的决定。20日内不能作出决定的，经本机关负责人批准，可以延长10日，并应当将延长期限的理由告知申请人。

决定核准任职资格的，应当颁发核准文件；决定不予核准的，应当作出书面决定并说明理由。

第三十三条 已核准任职资格的保险机构董事、监事和高级管理人员，任职符合下列情形的，无须重新核准其任职资格，但中国保监会对拟任职务的资格条件有特别规定的除外：

（一）在同一保险机构内调任、兼任同级或者下级高级管理人员职务；

（二）保险公司董事、监事转任同类保险公司董事长以外的董事、监事；

（三）保险公司总经理以外的高级管理人员，转任同类保险公司同级或者下级职务；

（四）省级以下分支机构负责人转任同类保险公司省级以下分支机构负责人。

保险公司副总经理、总经理助理、董事会秘书、合规负责人、总精算师、财务负责人和审计责任人按同级职务管理。

保险机构董事改任或者兼任高级管理人员、监事改任高级管理人员应当重新报经中国保监会核准任职资格。

保险机构董事、监事和高级管理人员任职时存在本规定第二十四条规定情形的，不适用本条第一款的规定。

第三十四条 已核准任职资格的高级管理人员，依照本规定第三十三条第一款规定任职的，其任职保险机构应当自任命决定作出之日起 10 日内向保险监督管理机构报告，提交下列书面材料一份，并同时提交有关电子文档：

（一）任职报告文件；

（二）中国保监会统一制作的高级管理人员任职报告表；

（三）保险机构任命文件复印件；

（四）转任同类保险公司省级分公司总经理助理以上职务高级管理人员的，还应当提供任前调查报告，对保险公司就任职人员是否符合任职资格条件进行调查的过程及结果进行详细记录；

（五）任职前在原任职保险公司担任董事、监事或高级管理人员职务，根据中国保监会规定应当进行离任审计的，其原任职保险公司出具的最近一次离任审计报告或者审计意见；

（六）与新任职保险机构签订的劳动合同签章页复印件；

（七）中国保监会规定的其他材料。

保险监督管理机构审查发现存在不符合任职资格条件的情形，可以责令保险公司改正。

第三十五条 保险机构董事、监事或者高级管理人员有下列情形之一的，其任职资格自动失效：

（一）获得核准任职资格后，保险机构超过 2 个月未任命；

（二）超过 3 年未从事保险业；

（三）受到中国保监会禁止进入保险业的行政处罚；

（四）出现《公司法》第一百四十六条或者《保险法》第八十二条规定的情形；

（五）依法被判处刑罚；

（六）中国保监会认定的其他情形。

出现前款第（三）至（五）项规定情形的，保险机构应当立即解除相关人员的职务。

第四章 监督管理

第三十六条 除本规定第三十三条第一款规定的情形外，未经保险监督管理机构核准任职资格，保险机构不得以任何形式任命董事、监事或者高级管理人员。

第三十七条 保险机构负责人不能履行职务或缺位时，可以指定临时负责人，但临时负责时间累计不得超过6个月。保险机构应当在6个月内选聘具有任职资格的人员正式任职。

临时负责人应当具有与履行职责相当的能力，并不得有本规定禁止担任高级管理人员的情形。

第三十八条 保险机构应当自下列决定作出之日起10日内，向保险监督管理机构报告：

（一）董事、监事或者高级管理人员的任职、免职或者批准其辞职的决定；

（二）依照保险监管规定对高级管理人员作出的处分决定；

（三）因任职资格失效，解除董事、监事或者高级管理人员职务的决定；

（四）根据撤销任职资格的行政处罚，解除董事、监事或者高级管理人员职务的决定；

（五）根据禁止进入保险业的行政处罚，解除董事、监事或者高级管理人员职务、终止劳动关系的决定；

（六）指定或者撤销临时负责人的决定；

（七）根据本规定第四十五条、第四十六条规定，暂停职务的决定。

保险机构依照本规定第三十四条的规定已经报告的不再重复报告。

第三十九条 保险机构董事、监事或者高级管理人员在任职期间犯罪或者受到其他机关重大行政处罚的，保险机构应当自知道或者应当知道判决或者行政处罚决定之日起10日内，向保险监督管理机构报告。

第四十条 保险机构董事、监事和高级管理人员应当按照中国保监会的规定参加培训。

第四十一条 保险机构应当按照中国保监会的规定对董事长和高级管理人员实施审计。

第四十二条 保险机构出现下列情形之一的，保险监督管理机构可以对直接负责的董事、监事或者高级管理人员出示重大风险提示函，进行监管谈话，要求其就相关事项作出说明，并可以视情形责令限期整改：

（一）在业务经营、资金运用、公司治理、关联交易或者内控制度等方面出现重大隐患的；

（二）董事、监事或者高级管理人员违背《公司法》规定的忠实和勤勉义务，严重危害保险公司业务经营的；

（三）中国保监会规定的其他情形。

第四十三条 保险机构出现下列情形之一的，保险监督管理机构可以要求其上级机构作出书面说明，对保险机构或者直接负责的董事、监事、高级管理人员出示监管函，进行监管谈话，并可以视情形责令限期整改：

（一）频繁变更高级管理人员，对经营造成不利影响；

（二）未按照本规定履行对高级管理人员的任职管理责任；

（三）中国保监会规定的其他情形。

第四十四条 中国保监会建立和完善保险机构董事、监事和高级管理人员管理信息系统。

保险监督管理机构应当在保险机构董事、监事和高级管理人员管理信息系统中记录下列内容：

（一）任职资格申请材料的基本内容；

（二）保险机构根据本规定第三十四条、第三十八条、第三十九条规定报告的情况；

（三）与该人员相关的风险提示函、监管函和监管谈话记录；

（四）离任审计报告；

（五）受到刑罚、行政处罚和被认定为不适当人选记录；

（六）中国保监会规定的其他内容。

中国保监会建立保险机构董事、监事和高级管理人员职业评价体系，开展履职情况评价。

第四十五条 保险机构董事、监事或者高级管理人员涉嫌重大违法犯罪，被行政机关立案调查或者司法机关立案侦查的，保险机构应当暂停相关人员的职务。

第四十六条 保险机构出现下列情形之一的，保险监督管理机构可以在调查期间责令其暂停与被调查事件相关的董事、监事或者高级管理人员的职务：

（一）偿付能力严重不足；

（二）涉嫌严重损害被保险人的合法权益；

（三）未按照规定提取或者结转各项责任准备金；

（四）未按照规定办理再保险；

（五）未按照规定运用保险资金。

第四十七条 保险机构董事、监事和高级管理人员在任职期间出现下列情形之一的，保险监督管理机构可以将其认定为不适当人选：

（一）策划、组织、指使、参与所任职机构不配合依法监管；

（二）5 年内受到保险监督管理机构或其他金融监管部门行政处罚累计达到 2 次；

（三）5 年内被保险监督管理机构出示重大风险提示函、监管函累计达到 3 次，或者 3 年内被监管谈话累计达到 3 次；

（四）在重大群体性事件中失职、渎职，造成恶劣影响；

（五）中国保监会根据审慎监管原则认定的其他情形。

保险监督管理机构可以根据审慎监管原则对认定为不适当人选的保险机构董事、监事和高级管理人员及所在保险机构采取相应的措施。

第四十八条 保险机构在整顿、接管、撤销清算期间，或者出现重大风险时，中国保监会可以对该机构直接负责的董事、监事或者高级管理人员采取以下措施：

（一）通知出境管理机关依法阻止其出境；

（二）申请司法机关禁止其转移、转让或者以其他方式处分财产，或者在财产上设定其他权利。

第五章　法律责任

第四十九条 隐瞒有关情况或者提供虚假材料申请任职资格的机构或者个人，保险监督管理机构不予受理或者不予核准任职资格申请，并在 1 年内不再受理对该拟任董事、监事或者高级管理人员的任职资格申请。

第五十条 以欺骗、贿赂等不正当手段取得任职资格的，由保险监督管理机构撤销该董事、监事或者高级管理人员的任职资格，并在 3 年内不再受理其任职资格的申请。

第五十一条 保险机构或者其从业人员违反本规定，由保险监督管理机构依照法律、行政法规进行处罚；法律、行政法规没有规定的，由保险监督管理机构责令改正，给予警告，对有违法所得的处以违法所得 1 倍以上 3 倍以下罚款，但最高不超过 3 万元，对没有违法所得的处以 1 万元以下罚款；涉嫌犯罪的，依法移交司法机构追究刑事责任。

第六章 附 则

第五十二条 保险集团公司、保险控股公司和一般相互保险组织董事、监事和高级管理人员任职资格管理适用本规定，法律、行政法规和中国保监会另有规定的，适用其规定。

再保险公司、保险资产管理公司及其他依法设立的保险组织董事、监事和高级管理人员任职资格管理参照适用本规定，法律、行政法规和中国保监会另有规定的，适用其规定。

第五十三条 外资独资保险公司、中外合资保险公司董事、监事和高级管理人员任职资格管理适用本规定，法律、行政法规和中国保监会另有规定的，适用其规定。

第五十四条 中国保监会对保险公司的独立董事、财务负责人、总精算师、合规负责人以及审计责任人的任职资格管理另有规定的，适用其规定。

第五十五条 保险机构依照本规定报送的任职资格审查材料和其他文件资料，应当用中文书写。原件是外文的，应当附中文译本。

第五十六条 本规定所称日，是指工作日，不包括法定节假日。

本规定所称“以上”，包括本数。

第五十七条 本规定由中国保监会负责解释。

第五十八条 本规定自201×年×月×日起施行；中国保监会2010年1月8日发布的《保险公司董事和高级管理人员任职资格管理规定》（保监会令〔2010〕2号）、2014年1月23日发布的《关于修改〈保险公司董事和高级管理人员任职资格管理规定〉的决定》（保监会令〔2014〕1号）同时废止。

《最新法律文件解读》丛书
稿　约

《最新法律文件解读》是一套以为最新法律规范提供同步“解读”为主的系列丛书，分为刑事、民事、商事、行政与执行4个分册，按月出版。

本丛书以“解读”为重点，突出全、专、新、快、准等特点，通过对最新出台的法律、法规、司法解释、部门规章以及重要地方性法规进行同步动态解读，弥补了法律、法规、司法解释汇编类出版物没有同步阐释、解读内容的不足，为广大读者学习理解最新法律规范，正确贯彻执行法律文件，及时解决实践中的新情况、新问题，提供一个全方位、多层面的法律信息平台。

欢迎您向以下栏目赐稿：

【最新法律文件解读】主要是对最新颁行的法律文件进行解读，帮助司法和执法人员正确理解法律文件的立法背景、意义、重点内容、在适用中应注意的问题、与相关法律文件的衔接与互动关系等等。

【司法实务问题研究】主要刊登对司法理论、实务及司法管理工作中的热点、疑难问题进行研究及评论的文章。

【新类型疑难案例选评】主要是对司法和行政执法实践中具有典型性和代表性的疑难案例，结合具体案情以及审理或处理结果进行简练精辟的点评，解析认识问题的方法、处理问题的法律依据和在个案中的具体适用。

【法学前沿与新视点】以摘要的形式刊登相关法学理论研究的最新动态及具有代表性和典型性的前沿问题，扩展法学研究的深度和广度。

【法律适用问题解答】主要针对司法和行政执法实践中面临的新问题、热点问题、疑难问题进行简要的解答，指出涉及的法律关系，明确法律适用依据。

稿件一经刊用，即付稿酬，稿酬从优。

《刑事法律文件解读》　姜　峤　邮箱：bj85250573@126.com
《民事法律文件解读》　丁丽娜　邮箱：dlnlaw@163.com
《商事法律文件解读》　路建华　邮箱：shangshijiedu@126.com
《行政与执行法律文件解读》　张　奎　邮箱：271717306@qq.com

人民法院出版社
《最新法律文件解读》丛书编辑部